LYKKE

prawolubni

Książka, którą nabyłeś, jest dziełem twórcy i wydawcy. Prosimy, abyś przestrzegał praw, jakie im przysługują. Jej zawartość możesz udostępnić nieodpłatnie osobom bliskim lub osobiście znanym. Ale nie publikuj jej w internecie. Jeśli cytujesz jej fragmenty, nie zmieniaj ich treści i koniecznie zaznacz, czyje to dzieło. A kopiując jej część, rób to jedynie na użytek osobisty.

Szanujmy cudzą własność i prawo.
Więcej na **www.legalnakultura.pl**
Polska Izba Książki

LYKKE

PO PROSTU SZCZĘŚCIE

MEIK WIKING

Przełożyła Elżbieta Frątczak-Nowotny

Wydawnictwo Czarna Owca
Warszawa 2017

Tytuł oryginału
THE LITTLE BOOK OF LYKKE

Redakcja
Grażyna Mastalerz

Projekt okładki i wnętrza
Hampton Associates

Adaptacja okładki
Magdalena Zawadzka / Aureusart

Korekta
Anna Jędrzejczyk

DTP
Marcin Labus

Redaktor prowadzący
Anna Brzezińska

Copyright © Meik Wiking, 2017

All rights reserved.
First published in Great Britain in the English language by Penguin Life,
an imprint of Penguin Books Ltd

Copyright © for the Polish edition by Wydawnictwo Czarna Owca, 2017
Copyright © for the Polish translation by Elżbieta Frątczak-Nowotny, 2017

Wydanie I

Druk i oprawa
READ ME

ISBN 978-83-8015-819-1

Wydawnictwo

ul. Alzacka 15a, 03-972 Warszawa
www.czarnaowca.pl
Redakcja: tel. 22 616 29 20; e-mail: redakcja@czarnaowca.pl
Dział handlowy: tel. 22 616 29 36; e-mail: handel@czarnaowca.pl
Księgarnia i sklep internetowy: tel. 22 616 12 72; e-mail: sklep@czarnaowca.pl

SPIS TREŚCI

1. WYPRAWA PO SKARBY ... 7
2. JAK MIERZY SIĘ SZCZĘŚCIE ... 21
3. BYCIE RAZEM ... 33
4. PIENIĄDZE ... 77
5. ZDROWIE ... 125
6. WOLNOŚĆ ... 161
7. ZAUFANIE ... 199
8. ŻYCZLIWOŚĆ ... 237
9. WSZYSTKO RAZEM ... 273

ROZDZIAŁ PIERWSZY

WYPRAWA PO SKARBY

WYPRAWA PO SKARBY

―――

– A w co my wierzymy, Samie?

– W to, że na tym świecie istnieje dobro, panie Frodo. I że warto o nie walczyć.

Hemingway, podobnie jak Tolkien, pisał, że świat jest przyjemnym miejscem i że warto o niego walczyć. Dzisiaj co prawda lepiej widać walkę niż to, co przyjemne. Łatwiej wskazać szare niebo i ciemne chmury, dlatego pewnie powinniśmy być raczej jak Samwise Mężny (może tylko mniej włochaci w okolicach stóp) i próbować dostrzec to, co w tym naszym świecie jest dobre.

Moja przyjaciółka Rita dorastała na Łotwie w czasach sowieckich. Może nie był to Mordor, ale na pewno była to epoka strachu i nieufności. Wszystkie okna były szczelnie zasłonięte, a życie społeczności określały podejrzliwość i niedostatek. Od czasu do czasu przyjeżdżał transport bananów z Wietnamu. Nie wiedząc, kiedy będzie następny, moja przyjaciółka i jej rodzina kupowali ich tyle, na ile było ich stać i ile mogli unieść.

A potem znów zaczynało się oczekiwanie, bo banany były jeszcze zielone i nie nadawały się do jedzenia. Trzymano je więc w ciemnym pokoju, żeby szybciej dojrzały. Obserwowanie, jak zmieniają się z zielonych w żółte, było niczym magia w mieście w pięćdziesięciu odcieniach szarości.

Kiedy Rita była dzieckiem, była przekonana, że istnieją tylko trzy kolory: czarny, szary i brązowy. Jej ojciec postanowił to zmienić i zaczął ją zabierać na poszukiwanie skarbów po całym mieście: szukali kolorów, piękna i dobra.

Taki też jest zamysł tej książki. Będzie to wyprawa po skarby, poszukiwanie szczęścia i dobra. Spróbujemy ukazać je w pełnym świetle i wspólnie sprawić, żeby się bujnie krzewiły. Książki są świetnymi krzewicielami. Moja poprzednia książka, *Hygge. Klucz do szczęścia*, miała pokazać światu, na czym polega duńska idea szczęścia na co dzień. Zachęcała czytelników do tego, żeby skupiali się na prostych przyjemnościach. Kiedy została opublikowana, spłynęła na mnie istna lawina uprzejmych listów z całego świata.

LYKKE

LUUH

KAH

Jeden z nich dostałem od Sarah z Wielkiej Brytanii, która uczy pięciolatki i od dawna interesuje się zdrowiem psychicznym dzieci oraz tym, jak szczęście wpływa na ich zdolność uczenia się. „Przeczytałam Pańską książkę i postanowiłam wprowadzić *hygge* do moich lekcji – napisała. Opisała, jak wspólnie z dziećmi powiesiła w klasie łańcuch z lampek, postawiła na stole miseczkę z przekąskami i zapaliła świeczkę, żeby razem miło spędzić czas na słuchaniu opowieści. – Na tablicy interaktywnej wyświetlamy nawet płonące polana z YouTube, żeby było przytulniej. W długie zimowe dni, które po Bożym Narodzeniu wydają się tak ponure, takie zabiegi poprawiają nastrój i uczniom, i nauczycielom. Zastanawiałam się, jak zmierzyć wpływ tej zmiany na dobrostan dzieci, ale doszłam do wniosku, że ich odprężone, uśmiechnięte buzie są wystraczająco dobrą miarą".

To właśnie jest istota mojej pracy jako szefa Instytutu Badań nad Szczęściem w Kopenhadze: mierzyć, rozumieć i wytwarzać szczęście. Rozpoznajemy przyczyny i skutki szczęścia i pracujemy nad poprawą jakości życia ludzi z całego świata.

Moja praca pozwala mi rozmawiać z ludźmi ze wszystkich stron świata: od burmistrza Kopenhagi po ulicznych sprzedawców w Meksyku, od indyjskich taksówkarzy po ministra szczęścia ze Zjednoczonych Emiratów Arabskich. Te rozmowy dużo mnie nauczyły. Pokazały, że będąc Duńczykami, Meksykanami, Hindusami, mieszkańcami Emiratów czy członkami jakiegokolwiek innego narodu, przede wszystkim jesteśmy ludźmi. I wcale nie jesteśmy tak różni, jak może nam się wydawać. Nadzieje mieszkańców Kopenhagi czy Guadalajary, marzenia mieszkańców Nowego Jorku, Delhi czy Dubaju – wszystkie są marzeniami o jednym: o szczęściu. *Lykke* to po duńsku szczęście. Dla Hiszpana to *felicidad*, dla Niemca – *Glück*, dla Francuza – *bonheur*. Ale nie chodzi o brzmienie słowa: ważne jest to, że kiedy zaczynamy snuć opowieści przy świecach, na twarzach słuchaczy na całym świecie pojawia się uśmiech szczęścia.

Kilka lat temu byliśmy z kilkorgiem przyjaciół na nartach we Włoszech. Po całym dniu na stoku cieszyliśmy się słońcem i kawą na balkonie naszej chaty. I wtedy ktoś przypomniał sobie, że mamy w lodówce resztki pizzy, a ja krzyknąłem: „Czy to jest szczęście? Chyba tak". I nie byłem w tym poczuciu odosobniony. Mimo że przyjaciele siedzący ze mną na balkonie pochodzili z rożnych krajów – z Danii, Indii i Stanów Zjednoczonych – wszyscy czuliśmy, że jedzenie z przyjaciółmi w łagodnym cieple marcowego słońca, w otoczeniu ośnieżonych gór, jest naprawdę bliskie szczęścia. Nieważne, że urodziliśmy się w różnych krajach, dorastaliśmy w różnych kulturach i uczyliśmy się w różnych językach, wszyscy byliśmy zgodni, że to właśnie jest szczęście.

Na znacznie większą i bardziej naukową skalę dane dotyczące poczucia szczęścia mogą nam pomóc zrozumieć wiele rzeczy. Na przykład co wspólnego mają ze sobą ludzie, którzy są szczęśliwi? Nieważne, czy pochodzisz z Danii, Stanów Zjednoczonych czy Indii – jaki jest wspólny mianownik szczęścia? Od lat prowadzimy tego typu badania w odniesieniu do zdrowia: badamy na przykład, jakie wspólne cechy mają ludzie, którzy dożywają stu lat. Dzięki temu wiemy, że alkohol, palenie tytoniu, ćwiczenia fizyczne i dieta – wszystkie te czynniki mają wpływ na oczekiwaną dalszą długość życia. W Instytucie Badań nad Szczęściem stosujemy te same metody, żeby zrozumieć, co jest istotne dla poczucia szczęścia, zadowolenia z życia i co określa jego jakość.

Pozwólcie więc, że zabiorę was do siedziby Instytutu Badań nad Szczęściem, do stolicy szczęścia: Kopenhagi.

DANIA: SUPERMOCARSTWO SZCZĘŚCIA?

Jest szesnasta, Kopenhaga. Ulice są pełne rowerzystów, ludzie wychodzą z biur, żeby odebrać dzieci ze szkoły.

Para dzieląca między siebie pięćdziesiąt dwa tygodnie płatnego urlopu rodzicielskiego spaceruje po nabrzeżu. Grupa studentów pływa w czystej wodzie w porcie – są beztroscy, bo nie tylko nie płacą czesnego za studia, ale jeszcze otrzymują od rządu prawie pięć tysięcy koron miesięcznie. W Danii wszystko toczy się gładko. No dobrze: prawie wszystko. Pięć lat temu zdarzyło się, że jakiś pociąg przyjechał z pięciominutowym opóźnieniem. Każdy z pasażerów otrzymał od premiera list z przeprosinami i jako rekompensatę dizajnerskie krzesło – do wyboru.

Czytając przez lata w mediach takie wiadomości, można rzeczywiście uznać, że Dania to rodzaj utopii.

Dania – najszczęśliwszy kraj na świecie

Kopenhaga: stolica szczęścia

W Danii zawsze trwa sezon na radość

Najszczęśliwsze miejsce na świecie

Dania: Oficjalnie najszczęśliwszy kraj na świecie

Światowy Raport Szczęścia: powinieneś zamieszkać w Danii

Wyjaśnijmy sobie jedną kwestię: jestem wielkim fanem Danii, zarówno jako badacz szczęścia, jak i jako obywatel. Kiedy widzę, jak siedmioletnie dzieci same pedałują bezpiecznie do szkoły, uśmiecham się. Kiedy widzę rodziców zostawiających swoje śpiące dzieci w wózkach przed kawiarniami bez obaw o ich bezpieczeństwo, uśmiecham się. Kiedy widzę ludzi pływających w czystej wodzie wewnętrznego kopenhaskiego portu, uśmiecham się.

Nie dziwi mnie, że pokojowo nastawiony kraj z powszechną bezpłatną opieką medyczną, w którym młodzież może studiować na uniwersytecie bez względu na zarobki rodziców i w którym małe dziewczynki mogą sobie wyobrażać, że pewnego dnia staną na czele rządu, jest według Światowego Raportu Szczęścia, którego stworzenie zleciły Narody Zjednoczone, jednym z najszczęśliwszych krajów świata.

Ale czy to znaczy, że Dania jest społeczeństwem doskonałym? Nie. Czy sądzę, że Dania stwarza swoim obywatelom *relatywnie* dobre warunki, by mogli cieszyć się *relatywnie* wysokim poziomem jakości życia i szczęścia? Tak. Wierzę też, że Japonia w zeszłym roku miała najwyższą na świecie oczekiwaną dalszą długość życia, co jednak nie znaczy, że sadzę, iż każdy Japończyk przeżyje dokładnie 83,7 lat.

Dania zazwyczaj lokuje się na szczycie światowej listy najszczęśliwszych krajów, trzeba jednak pamiętać, że rankingi opierają się na średnich. Na przykład w ostatnim Światowym Raporcie Szczęścia Duńczycy w skali od 0 do 10 osiągnęli średnią notę 7,5.

To znaczy, że podczas gdy jedne rzeczy działają nadzwyczaj dobrze, z innymi źle się dzieje w państwie duńskim. Kraje skandynawskie mogą osiągać dobre wyniki w rankingach szczęścia, ale ani Duńczycy, ani Norwegowie, ani Szwedzi nie mają monopolu na szczęście. Żyję w Danii i wiem, że wszyscy możemy się wiele nauczyć od krajów skandynawskich o jakości życia, ale lekcję szczęścia mogą nam dać ludzie z dowolnego miejsca na świecie. Klucze do szczęścia są pokrywane w różnych jego zakątkach, a naszym zadaniem jest zebranie ich wszystkich.

Jeśli zajrzymy do Światowego Raportu Szczęścia, to zauważymy czteropunktową rozpiętość między krajami o najwyższym i najniższym poziomie szczęścia. Z tych czterech punktów trzy dają się wyjaśnić sześcioma czynnikami: poczuciem więzi lub wspólnoty, pieniędzmi, zdrowiem, wolnością, zaufaniem i życzliwością. Każdemu z tych czynników poświęciłem jeden rozdział. W każdym będziemy szukać wyjaśnienia, dlaczego właśnie to ma wpływ na poczucie dobrostanu, będziemy się też uczyć szczęścia od ludzi z całego świata i odkrywać, jak sami możemy stawać się szczęśliwsi, i w końcu – jak można złożyć to wszystko razem, żeby stworzyć mapę prowadzącą do skarbu szczęścia.

Tymczasem 80 procent zróżnicowania szczęścia w świecie ma miejsce w *obrębie* krajów. Mówiąc inaczej: możemy znaleźć bardzo szczęśliwych Duńczyków i Duńczyków bardzo nieszczęśliwych, bardzo szczęśliwych i bardzo nieszczęśliwych Togijczyków. Tak więc możemy przyjrzeć się temu, co oferują poszczególne państwa, ale nasze zachowania i perspektywy życiowe to coś zupełnie innego.

Co zatem mają ze sobą wspólnego najszczęśliwsi ludzie na świecie, czego można się nauczyć o szczęściu w różnych krajach świata i jakie działania możemy podjąć, żebyśmy sami stali się szczęśliwi? Oto kilka pytań, na które ta książka spróbuje dać odpowiedź. Spróbujemy odkryć tajemnice najszczęśliwszych ludzi na świecie i poszukać dobra, które bez wątpienia na świecie istnieje. Ruszajmy więc na poszukiwanie skarbów!

ROZDZIAŁ DRUGI

—

JAK MIERZY SIĘ SZCZĘŚCIE

JAK MIERZY SIĘ SZCZĘŚCIE

―――

Dziewiątego listopada dwa tysiące szesnastego roku obudził mnie o piątej rano alarm w hotelu, w którym się zatrzymałem. Byłem w sercu Paryża. Pojechałem tam, żeby przeprowadzić szereg wywiadów. Zbliżała się pierwsza rocznica ataków terrorystycznych w tym mieście.

Wokół recepcji zgromadzili się hotelowi goście, zaspani, w białych hotelowych szlafrokach. O piątej trzydzieści alarm odwołano, ale wiedziałem, że i tak już nie zasnę. Nadal czułem przypływ adrenaliny. Poza tym właśnie wróciłem z Azji, więc mój zegar biologiczny o siedem godzin wyprzedzał czas lokalny. Uznałem, że równie dobrze mogę popracować. Otworzyłem walizkę, żeby wyjąć laptopa. I wtedy odkryłem, że mój nowiutki komputer został na pokładzie samolotu – zawsze sprawdzajcie kieszeń przed sobą! Zostałem bez kopii zapasowej pierwszego rozdziału tej książki. Była w zagubionym laptopie.

Byłem sfrustrowany, zmęczony i zły na siebie. Uratować mogła mnie tylko jakaś dobra wiadomość. Uświadomiłem sobie, że głosy w amerykańskich wyborach prezydenckich powinny już zostać policzone, więc może pocieszy mnie zwycięska mowa pierwszej amerykańskiej prezydent. Włączyłem kanał informacyjny.

Tego dnia byłem umówiony na osiem wywiadów. Z ośmioma dziennikarzami, z których każdy zamierzał zapewne zadać mi pytanie: „Badasz szczęście. Możesz mi powiedzieć, w jakim stopniu sam jesteś szczęśliwy?".

Właśnie – w jakim stopniu byłem szczęśliwy? Czy można skwantyfikować uczucia? Jak mierzymy szczęście?

Sposób, w jaki świat przez dekady mierzył szczęście, można podsumować następująco: wyobraźmy sobie dwóch przyjaciół spotykających się po długim czasie. „Jak się masz?" – pyta jeden. Drugi na to: „Zarobiłem w tym roku 40 800 euro". Nikt nie prowadzi takich rozmów, a jednak właśnie tak tradycyjnie mierzyliśmy dobrostan. Wmówiliśmy sobie, że pieniądze to szczęście. A pieniądze – chociaż oczywiście są ważne – nie są jedyną rzeczą składającą się na nasze poczucie szczęścia.

Używaliśmy dochodu jako aproksymacji szczęścia, dobrostanu czy jakości życia, a PKB na głowę jako miary rozwoju społeczeństw. Jednym z powodów jest to, że dochód – i narodowy, i osobisty – jest miarą obiektywną. Szczęście natomiast nie jest. Szczęście jest subiektywne.

Zazwyczaj pierwsze pytanie, które pada, kiedy ktoś się dowiaduje, że próbujemy mierzyć szczęście, brzmi:

> *Jak możecie mierzyć szczęście?*
> *To takie subiektywne.*

Oczywiście, poczucie szczęścia jest subiektywne, i powinno takie być. Ale dla mnie nie stanowi to problemu. Dla mnie ważne jest, jak ludzie się czują, jak sami odbierają swoje życie. To jest najważniejsze. Jestem przekonany, że każdy sam najlepiej potrafi ocenić, czy jest szczęśliwy, czy nie. To nasz nowy miernik. Dopiero potem próbuję zrozumieć, dlaczego ktoś czuje się tak, a nie inaczej. Jeśli jesteś szczęśliwszy od sąsiada, który ma większy dom, najnowszy model samochodu i idealną żonę, to według naszych miar postępujesz słusznie.

Stosowanie subiektywnych miar jest trudne, ale nie niemożliwe. Robimy to za każdym razem, kiedy mierzymy stres, poziom lęku czy depresję – to także zjawiska subiektywne. W ostatecznym rozrachunku wszystko sprowadza się do tego, jak my sami jako jednostki postrzegamy swoje życie.

Szczęście dla różnych ludzi może oznaczać różne rzeczy. Ty możesz mieć swój sposób postrzegania szczęścia, ja mogę mieć swój. Nadajemy etykietkę szczęścia różnym rzeczom, z czym – z naukowego punktu widzenia – trudno sobie poradzić. Tak więc pierwszą rzeczą, którą musimy zrobić, jest rozłożenie szczęścia na części.

Gdybyśmy na przykład chcieli się przyjrzeć stanowi gospodarki, bralibyśmy pod uwagę różne wskaźniki, takie jak PKB, stopy wzrostu, stopy procentowe czy poziom bezrobocia. Każdy z nich informuje nas o tym, jak się ma gospodarka. Tak samo jest w przypadku szczęścia. Szczęście to bardzo szerokie pojęcie. Przyjrzyjmy się więc jego poszczególnym elementom. Zastanówmy się, co się na nie składa. Wróćmy do tego poranka w Paryżu. Na ile byłem wówczas szczęśliwy?

Jeśli chodzi o to, jak się czułem, to byłem na siebie zły, bo zgubiłem komputer. Byłem też zmęczony, no i smutny, kiedy usłyszałem, że wielu Amerykanów czekają trudne lata. Krótko mówiąc: byłem zły, zmęczony i smutny. Szczęśliwy? Niezbyt. Na pewno nie tak jak wtedy, kiedy siedziałem na skąpanym w słońcu balkonie w Alpach i jadłem z przyjaciółmi resztki pizzy. Z drugiej strony byłem w trakcie promowania mojej książki na całym świecie, miałem możliwość rozmawiać z ludźmi z różnych krajów o swojej pracy i o szczęściu, więc nie mogłem powiedzieć, żeby życie traktowało mnie szczególnie źle.

TRZY WYMIARY SZCZĘŚCIA

Pierwszy krok podczas badania szczęścia to rozróżnienie między byciem szczęśliwym w danym momencie a byciem szczęśliwym w ogóle. Te dwa stany nazywamy odpowiednio: **wymiarem afektywnym** *i* **wymiarem poznawczym.**

W wymiarze afektywnym – hedonistycznym – sprawdzamy emocje, które ludzie odczuwają w codziennym życiu. Pytamy: jak się czułeś wczoraj? Byłeś przygnębiony, smutny, zaniepokojony, obawiałeś się czegoś? Śmiałeś się? Czułeś się szczęśliwy? Kochany?

Wymiar poznawczy wymaga od nas, żebyśmy zrobili krok wstecz i spróbowali ocenić swoje życie. Musimy sobie odpowiedzieć na kilka pytań. W jakim stopniu jesteśmy ogólnie zadowoleni ze swojego życia? Na ile, ogólnie biorąc, czujemy się szczęśliwi? Pomyślmy o możliwie najlepszym życiu, jakie moglibyśmy wieść, i o możliwie najgorszym. Gdzie między tymi skrajnymi punktami – w naszym odczuciu – znajduje się obecnie nasze życie? Dla kogoś dobre życie może oznaczać sławę i bogactwo, dla kogoś innego – spokojne życie w domu i możliwość uczenia swoich dzieci. Dla mnie oba te marzenia są równie wartościowe. Próbując ocenić poziom szczęścia, muszę wiedzieć, o czym dana osoba marzy i jak blisko spełnienia tego marzenia się czuje.

Wymiary afektywny i poznawczy są oczywiście powiązane i do pewnego stopnia na siebie zachodzą. Jeśli twój dzień wypełniają pozytywne emocje, większe jest prawdopodobieństwo, że ogólnie będziesz bardziej zadowolony z życia. Poranek może być do niczego, co nie zmienia faktu, że nadal masz cudowne życie.

Pozwólcie, że nieco skomplikuję sprawę i wprowadzę trzeci wymiar, zwany **eudajmonią**. To starożytna grecka nazwa szczęścia, wzięta z koncepcji Arystotelesa. Według niego dobre życie to życie, które ma sens i cel. W tej książce skupię się przede wszystkim na ogólnym szczęściu – w wymiarze poznawczym – ludzi, którzy uważają, że mają cudowne życie, ale oczywiście nie pominiemy bieżących nastrojów i poczucia celu.

Najlepsze, co – mając na uwadze te trzy wymiary – możemy zrobić w Instytucie Badań nad Szczęściem, to towarzyszyć ludziom przez jakiś czas. Nie jak uprzykrzający życie stalkerzy, ale w sposób naukowy.

Badamy duże grupy ludzi w długich odcinkach czasu, obserwując, jak zmiany w ich życiu wpływają na ich poczucie szczęścia. Jeśli będę podążał za tobą i dziesięcioma tysiącami innych osób, zaobserwuję, że w życiu każdego z was w ciągu następnej dekady zajdą istotne zmiany, które wpłyną na wasz poziom szczęścia. Ktoś się zakocha, ktoś się odkocha, ktoś awansuje, ktoś inny wyleci z pracy, ktoś przeniesie się do Londynu, ktoś inny stamtąd wyjedzie. Jedni będą łamać serca, serca innych zostaną złamane. Przez kolejnych dziesięć lat będziemy przeżywać wzloty i upadki, doświadczać zwycięstw i porażek – i co najmniej jeden roztargniony naukowiec z łatami na łokciach zapomni zabrać komputer z pokładu samolotu. Pytanie brzmi: jak te zdarzenia i zmiany okoliczności życiowych wpływają na nasze poczucie szczęścia? Jaki wpływ na poziom zadowolenia z życia ma podwojenie dochodu, zawarcie małżeństwa czy przeprowadzka na wieś? To właśnie próbujemy zrozumieć.

Łączna średnia ze Światowych Raportów Szczęścia
2013-2017

1. miejsce	2. miejsce	3. miejsce
Dania	Szwajcaria	Norwegia
7.57	**7.56**	**7.55**

Średni poziom szczęścia mierzonego w skali od 0 do 10

Islandia: **7.48**   Irlandia: **6.97**

Finlandia: **7.41**   Luksemburg: **6.93**

Kanada: **7.4**   Belgia: **6.93**

Holandia: **7.4**   Meksyk: **6.9**

Szwecja: **7.35**   Brazylia: **6.85**

Australia: **7.3**   Oman: **6.85**

Nowa Zelandia: **7.28**   Niemcy: **6.84**

Izrael: **7.26**   Zjednoczone Emiraty Arabskie: **6.81**

Austria: **7.17**   Wielka Brytania: **6.79**

Kostaryka: **7.16**   Panama: **6.77**

Stany Zjednoczone: **7.07**   Singapur: **6.66**

Portoryko: **7.03**   Chile: **6.65**

To nie jest łatwe. Możemy wprawdzie zauważyć, że – ogólnie biorąc – ludzie, którzy żyją na wsi, są szczęśliwsi niż ci, którzy żyją w dużych miastach i że być może ludzie stają się szczęśliwsi, kiedy przenoszą się na wieś, ale nie zawsze możemy mieć pewność, jakie są tego przyczyny i jakie skutki. Być może ludzie, którzy przenoszą się do dużych miast i w nich żyją, są mniej szczęśliwi nie z powodu wielkości miasta, lecz typu osobowości, jaką obdarzeni są ludzie wybierający życie w dużych miastach. Może ludzie, których pociągają duże miasta, są bardziej ambitni, a wadą ambicji jest chroniczne niezadowolenie ze status quo. Idealnym rozwiązaniem byłby eksperyment z udziałem bliźniąt: można by je rozłączyć po narodzinach i rzucić monetą, żeby ustalić, które wychowa się i do końca życia będzie mieszkało w mieście, a które na wsi. Niestety prawo nie zezwala na takie eksperymenty.

Tak więc bardzo wielu rzeczy nie jesteśmy w stanie kontrolować. Jest też mnóstwo pułapek, w które możemy wpaść, badając szczęście. Najlepszy sposób, żeby nie dowiedzieć się n i c z e g o na ten temat, to uchylić się i po prostu stwierdzić, że nie da się tego zrobić. Słyszałem wiele argumentów, które miały mnie przekonać, że szczęście jest jedyną rzeczą na świecie, której nie można zbadać w sposób naukowy. Owszem, tak jest zapewne najłatwiej: usiąść w fotelu z założonymi rękami i upierać się, że czegoś nie da się zrobić. Ludzie, którzy tak robili, nigdy nie odkryli nowych lądów, nie wysłali człowieka na Księżyc. To, co napawa mnie dumą z przynależności do ludzkiej rasy – ze wszystkimi jej wadami i niepowodzeniami – to właściwa nam ciekawość i nieznająca granic wyobraźnia. Jesteśmy jedynym gatunkiem, który spogląda na jałową czerwoną planetę na dalekim niebie i myśli: jak się tam dostać? Dlaczego więc nie mielibyśmy próbować przesunąć granic jakości życia? Widzę wielkie możliwości – możemy się stać szczęśliwsi dzięki niewielkim korektom zachowania. Wielkie rzeczy nierzadko mają skromne początki.

ROZDZIAŁ TRZECI

BYCIE RAZEM

RYTUAŁY JEDZENIA I OGNIA

―――

Przed domkiem, w którym w dzieciństwie spędzałem wakacje, rozciągała się łąka. Trawa rosła tak wysoko, że mój brat i ja mogliśmy budować w tym zielonym kobiercu tunele i bawić się tam godzinami. W czerwcu przychodził czas na sianokosy i ten zapach świeżo skoszonej trawy już zawsze będzie mnie przenosił w tamte dni.

Bele trawy stopniowo żółkły w letnim słońcu. Pamiętam, że byłem przekonany, że to klocki Lego porozrzucane przez *jætter* – nieziemskie olbrzymy z nordyckiej mitologii. Co jednak nie przeszkadzało ani mnie, ani innym dzieciakom z okolicy w budowaniu z nich domów i labiryntów, zanim zostały uprzątnięte z pola, żeby zrobić miejsce na letnie ognisko. Chociaż świętowanie letniego przesilenia to pogański zwyczaj, do dzisiaj pozostaje to moją ulubioną tradycją. Blask skandynawskiego słońca przechodzi w noc bez ciemności, a cały kraj świętuje *midsommar*, paląc ogniska. Pamiętajcie: Duńczycy są bezpośrednimi potomkami Wikingów, dlatego lubią patrzeć na płonące ogniska, świece, wsie. Tak po prostu jest.

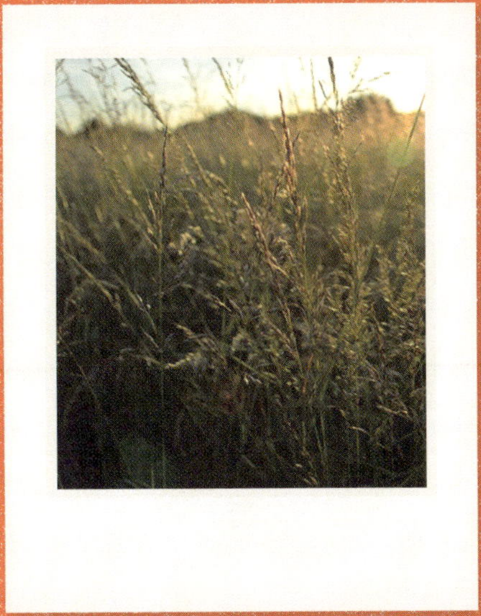

Nie jestem pewien, czy już wtedy – stojąc boso w trawie, z twarzą rozgrzaną ogniem, z kromką świeżo upieczonego chleba w dłoni i rękami rodziców na ramionach – *wiedziałem*, co to jest szczęście – na pewno jednak *czułem* to, czego zrozumieniu poświęciłem potem życie. Wówczas brakowało mi słów, żeby to opisać, ale mam wrażenie, że poza tym że czułem się szczęśliwy, miałem też poczucie przynależności, wiedziałem, że jestem w domu. Razem ze swoim plemieniem.

Łączenie ognia z pożywieniem jest powszechne niemal we wszystkich kulturach i częściach świata. Niekiedy wystarczy zapalić świecę, żeby przy obiadowym stole stworzyć poczucie wspólnoty.

„Byłbym zapomniał ci powiedzieć – zaczął Janic, kanadyjski dziennikarz, który przeprowadzał ze mną wywiad w Instytucie Badań nad Szczęściem – że kiedy przeczytałem o *hygge*, poszedłem kupić dwa świeczniki i zaczęliśmy przy obiedzie zapalać świece". Janic i jego żona mają trzech synów: osiemnastoletnich bliźniaków i piętnastolatka. „Na początku pytali: co jest grane? Jakiś romans? Chcesz jeść obiad tylko z mamą? A potem już sami zaczęli przed obiadem zapalać świece. A co ważniejsze, zauważyłem, że nasze rodzinne posiłki trwają teraz piętnaście do dwudziestu minut dłużej, bo – chyba mogę tak powiedzieć – świece sprawiają, że chłopcy stają się bardziej rozmowni. Zamiast zmiatać jedzenie z talerzy, sączą wino i opowiadają nam, co ich spotkało w ciągu dnia". Tak więc posiłek to już nie wyłącznie jedzenie – to także czas na bycie razem.

Języki przypominają nam, że wspólne jedzenie odżywia nie tylko nasze ciała. Karmi też nasze przyjaźnie, wzmacnia więzi i poczucie wspólnoty – wszystko, co niezbędne do szczęścia.

Jeśli spojrzymy na angielskie słowo companion, *hiszpańskie* compañero *czy francuskie* copain, *zauważymy, że wszystkie pochodzą od łacińskiego* com *i* panis *i oznaczają „kogoś, z kim dzieli się chleb".*

Rzut oka na rytuały jedzenia i ognia pozwala nam zrozumieć, że dobre życie opiera się na poczuciu więzi i celu. Że bogactwa nie mierzy się zasobnością konta w banku, lecz siłą naszych związków, zdrowiem ukochanych i poziomem wdzięczności. Że szczęście nie bierze się z posiadania większego samochodu, lecz z poczucia, że wszyscy jesteśmy częścią czegoś większego – jakiejś wspólnoty.

Zarówno ustalenia Instytutu Badań nad Szczęściem, jak i Światowy Raport Szczęścia pozwalają stwierdzić, że w najszczęśliwszych krajach poczucie wspólnoty jest najsilniejsze i że najszczęśliwsi ludzie zawsze mają kogoś, do kogo mogą się zwrócić w potrzebie, kogoś, na kim mogą polegać. Nie przypadkiem Duńczycy należą nie tylko do najszczęśliwszych ludzi na świecie, ale też do najczęściej spotykających się z przyjaciółmi i rodziną i wierzących, że jeśli upadną, przyjaciele zawsze przyjdą im z pomocą.

Procent ludzi przekonanych, że w potrzebie mogą polegać na przyjaciołach:

Nowa Zelandia: **98.6%**

Islandia: **95.7%**

Dania: **95.5%**

Hiszpania: **95.5%**

Irlandia: **95.3%**

Australia: **95.1%**

Finlandia: **94.2%**

Kanada: **93.9%**

Szwajcaria: **93.5%**

Wielka Brytania: **93.4%**

Luksemburg: **93.4%**

Norwegia: **93.1%**

Austria: **92.5%**

Szwecja: **92.3%**

Niemcy: **92.3%**

Słowacja: **92.2%**

Japonia: **91.0%**

Federacja Rosyjska: **90.7%**

Włochy: **90.7%**

Czechy: **90.3%**

Estonia: **90.2%**

Stany Zjednoczone: **90.1%**

Brazylia: **90.0%**

Republika Południowej Afryki: **89.5%**

Francja: **89.4%**

Słowenia: **88.9%**

Belgia: **88.4%**

Holandia: **87.9%**

Polska: **86.3%**

Izrael: **85.7%**

Portugalia: **85.1%**

Łotwa: **84.2%**

Turcja: **83.6%**

Grecja: **83.4%**

Chile: **82.5%**

Węgry: **82.2%**

Korea: **75.8%**

Meksyk: **75.3%**

Źródło: OECD, Better Life Index (Indeks lepszego życia), 2016.

WSKAZÓWKA SZCZĘŚCIA:
JEDZ JAK FRANCUZ – TWÓRZ RYTUAŁY JEDZENIA I OGNIA

Miej czas na jedzenie. Odzyskaj przerwę obiadową, usiądź z przyjaciółmi, rodziną i kolegami i ciesz się niespiesznym posiłkiem w ich towarzystwie.

– A na deser?

– Za deser dziękuję, ale poproszę kawę po posiłku. *Un café américain.*

Po wykładzie w Paryżu miałem wolne popołudnie i poszedłem na obiad do małej restauracji w pobliżu Musée d'Orsay, na styku piątej i siódmej dzielnicy.

– Będąc w Paryżu, nie zamawia pan deseru, tylko kawę po amerykańsku. Odważny z pana człowiek – odparł kelner z uśmiechem.

Jedzenia nie traktuje się we Francji lekko. Najwyraźniej widać to bodaj we francuskich szkołach państwowych. Dzieciom podaje się trzydaniowy posiłek, który składa się na przykład z sałaty na przystawkę i dania głównego: cielęciny z grzybami i brokułami, i tarty jabłkowej na deser, a do tego oczywiście serów i pieczywa. Serwetki z materiału i srebrne sztućce wskazują na to, że rytuał posiłku jej niemal równie ważny jak samo pożywienie. Siada się do stołu i je powoli. Francuzi jedzą razem. Zapewne między innymi właśnie dlatego należą do nacji, które spędzają przy jedzeniu najwięcej czasu. Ale chociaż jedzą trzy posiłki dziennie, i zawsze przy stole, mają jeden z najniższych wskaźników otyłości w Europie. Może dlatego, że siedząc przed telewizorem, je się więcej?

Wyniki badań Uniwersytetu w Liverpoolu, opublikowane w „American Journal of Clinical Nutrition", pokazują, że tak, nawet o 25 procent. Większość krajów ma urzędowe rekomendacje dietetyczne, które określają, ile porcji owoców i warzyw powinniśmy jeść dziennie. We Francji jednym z oficjalnych zaleceń jest: jedzenie wraz z innymi. Polecam: starajmy się to robić częściej.

DOBRE ŻYCIE
I DOBRO WSPÓLNE

W ciągu ostatnich pięciu lat rozmawiałem z ponad tysiącem osób o tym, dlaczego Duńczycy – i ogólnie Skandynawowie – tak dobrze wypadają w rankingach dotyczących szczęścia. Często słyszałem: Przecież Duńczycy płacą jedne z najwyższych podatków na świecie, więc dlaczego są tacy szczęśliwi?

I rzeczywiście, Dania należy do krajów mających najwyższe stawki podatkowe. Średni dochód wynosi w Danii około trzydziestu dziewięciu tysięcy euro rocznie, a przeciętny Duńczyk płaci około 45 procent podatku dochodowego. Dla tych, którzy zarabiają ponad sześćdziesiąt jeden i pół tysiąca euro, jest dodatkowa stawka, która wynosi 52 procent.

Jestem jednak przekonany, że Duńczycy są szczęśliwi nie *mimo* lecz właśnie *z powodu* wysokich podatków – i że większość Duńczyków by się z tym zgodziła. Według sondażu Gallupa z 2014 roku blisko dziewięciu na dziesięciu mieszkańców Danii twierdzi, że płaci podatki z przyjemnością. Szczęścia nie daje posiadanie większego samochodu, ale przekonanie, że wszyscy, których znamy i kochamy, otrzymają wsparcie, kiedy będą go potrzebować. Mieszkańcy krajów nordyckich dobrze rozumieją związek między dobrym życiem a dobrem wspólnym. My nie płacimy podatków, my kupujemy jakość życia. Inwestujemy w swoją społeczność.

Dziewięciu na dziesięciu ludzi mieszkających w Danii twierdzi, że płaci podatki z przyjemnością

Fællesskab to po duńsku wspólnota. Słowo to składa się z dwóch części: *fælles*, czyli wspólny lub dzielony i *skab*, co może znaczyć zarówno szafę, jak i tworzyć. Wspólnota to nie tylko nasza wspólna szafa (zasoby, którymi się dzielimy), lecz także coś, co razem tworzymy. Myślę, że jest w tym jakieś piękno.

My, Duńczycy, podobnie jak Niemcy, lubimy złożone wyrazy. Może to z powodu chłodnego klimatu, ale duńskie słowa lubią przytulać się do siebie. *Råstofproduktionsopgørelsesskemaudfyldningsvejledning* to wskazówki do wypełnienia kwestionariusza dotyczącego produkcji surowców. Pewnie również dlatego scrabble w Danii traktuje się jak sport ekstremalny, będący najczęstszą przyczyną urazów nadgarstka. W oficjalnym słowniku języka duńskiego, wydanym przez Towarzystwo Języka Duńskiego i Duńskiej Literatury, jest siedemdziesiąt wyrazów zawierających słowo *fællesskab*.

Mówimy o...

Bofællesskab:
Wspólnota mieszkaniowa, wspólna przestrzeń mieszkaniowa

Fællesgrav:
Wspólny grób, taki, w którym pochowano razem wiele osób

Fællesskabsfølelse:
Poczucie wspólnoty

Fællesøkonomi:
Współdzielenie finansów, na przykład kiedy para ma wspólny rachunek bankowy

Skæbnefællesskab:
Wspólnota losów

Fællesskøn:
Wspólny rodzaj. Podczas gdy większość języków dzieli rzeczowniki na męskie i żeńskie, duńskie dzielą się na bezrodzajowe i wspólnorodzajowe, czyli rzeczowniki-hermafrodyty, jeśli ktoś woli.

BOFÆLLESSKAB - SZCZĘŚCIE WSPÓLNOT

Domy tworzą otwarty krąg wokół wspólnego dziedzińca. Jest czerwiec, czyste błękitne niebo, ogród ożywiają głosy bawiących się dzieci. Dzieci z różnych rodzin wbiegają i wybiegają z domów.

W przeciwieństwie do większości dzisiejszych dzieci ci chłopcy i te dziewczynki dorastają w niezwykłej kombinacji wolności i bezpieczeństwa. Niektóre z nich grają w *kubb* – grę, w którą gra się na trawie, pochodzącą ponoć z czasów Wikingów. Pies przygląda się grze, jakby była najwspanialszym wynalazkiem na świecie. Inne dzieci z kilkorgiem dorosłych stoją wokół ogniska.

– Mikkel, ty bandyto! – woła jeden z mężczyzn, Jørgen, i uśmiecha się do nas. Jest jednym z tutejszych mieszkańców i dobrze zna mojego przyjaciela, Mikkela.

Mikkel, który teraz mieszka w Kopenhadze, wychowywał się tutaj. Zeszłego lata przyjechaliśmy do domu jego dzieciństwa, żeby zabrać jego ojca na doroczną wspólną wyprawę żeglarską. Zwykle dzielimy się obowiązkami tak, że Mikkel i jego ojciec żeglują, a ja fotografuję i nalegam, żeby nazywać zdjęcia *sailfies*. A mimo to po roku znów mnie zapraszają. Nie możemy zaparkować pod domem, bo miejsca parkingowe znajdują się na obrzeżach tej małej wspólnoty. Żeby dotrzeć do domu rodziców Mikkela, trzeba ostatnie czterdzieści metrów przejść na piechotę, przez wspólny dziedziniec. To nie jest zbieg okoliczności: osiedle zostało zaprojektowane tak, żeby zachęcało mieszkańców do społecznych interakcji, do przelotnych rozmów, spotkań.

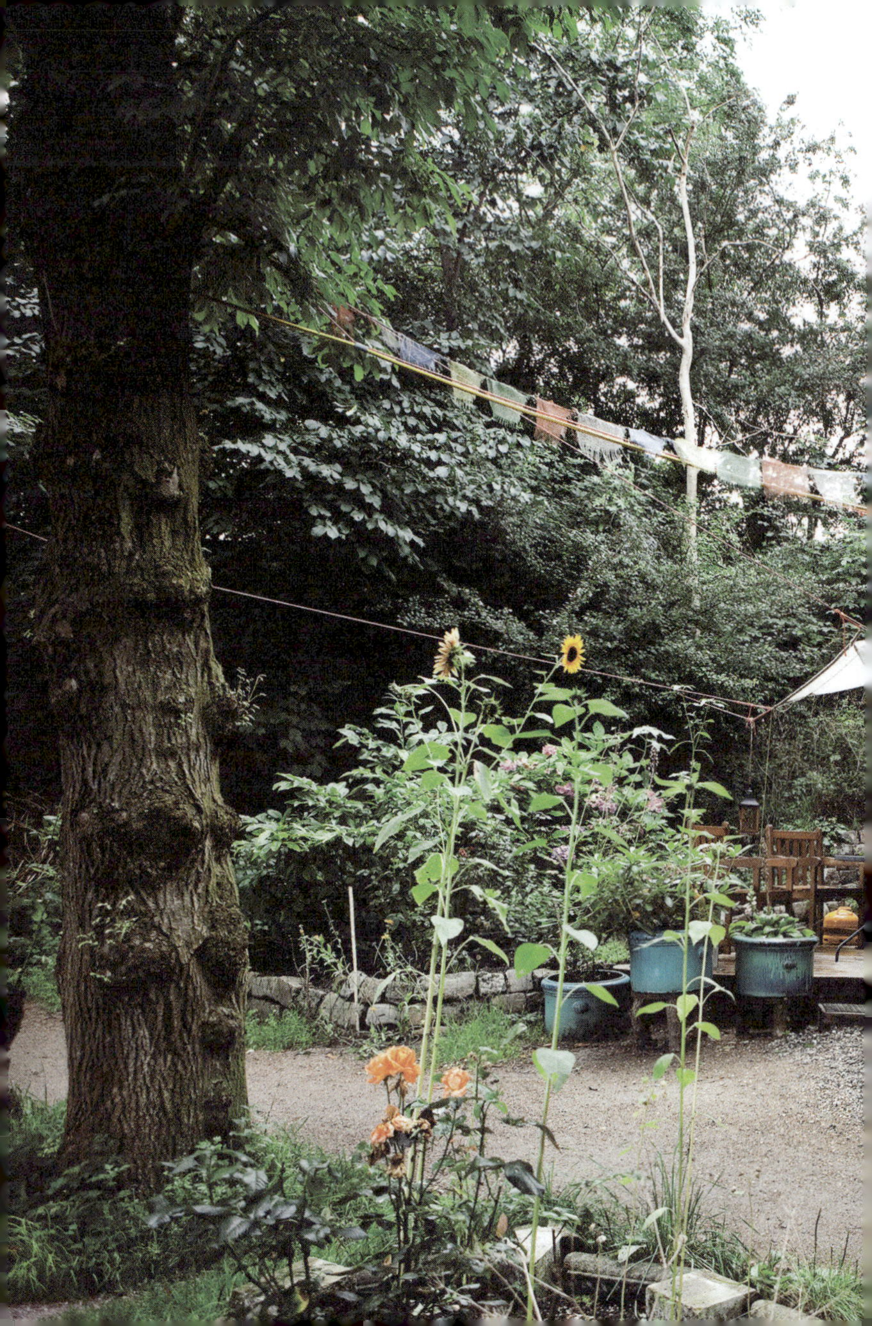

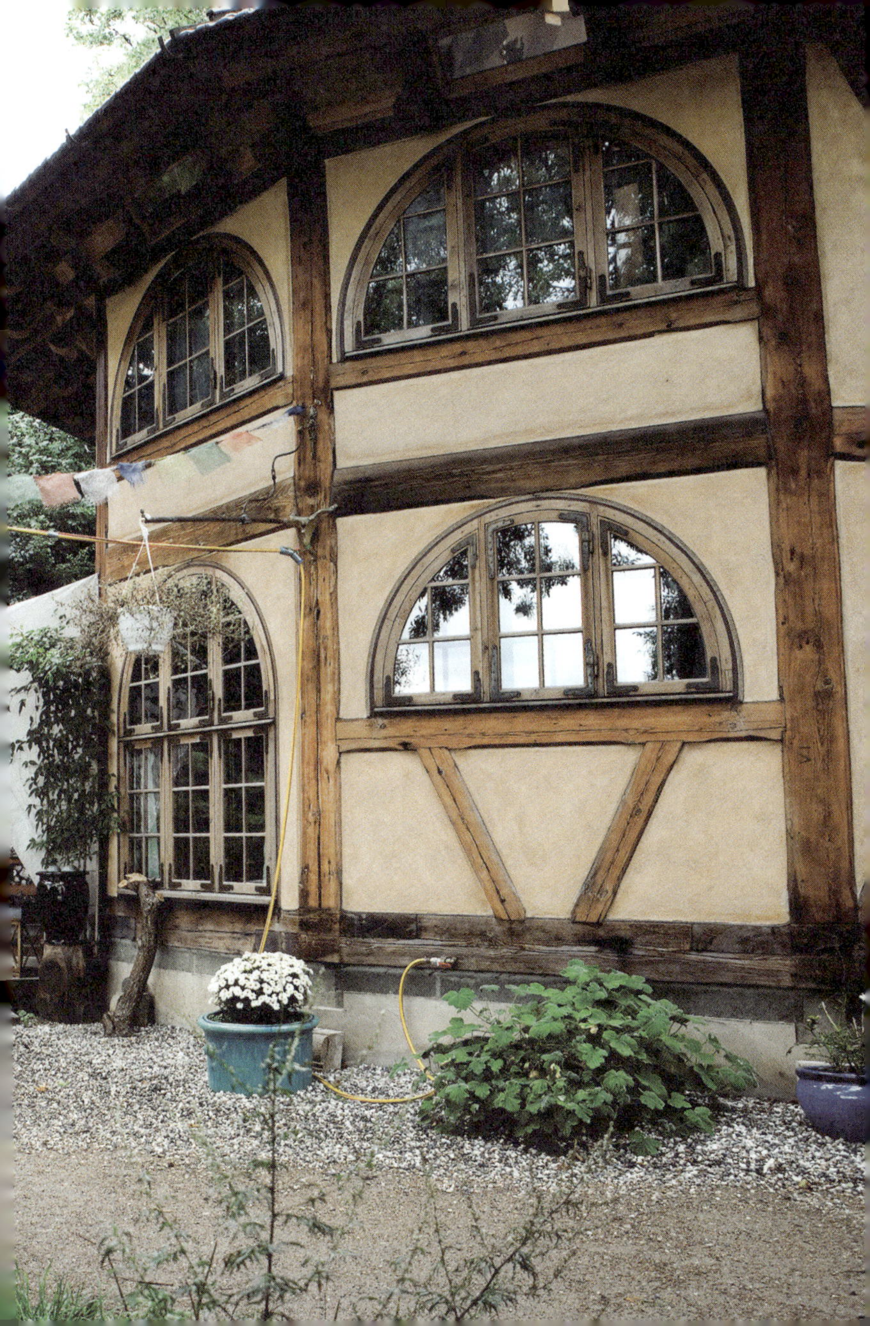

Osiedle nazywa się Fælleshaven. Tak, kolejne złożone słowo. *Fælles*, jak już wiemy, znaczy wspólny, a *haven* – ogród. To *bofællesskab*, czyli wspólnota, w której się mieszka, od słowa *bo* – żyć, mieszkać. *Bofællesskab* to system wspólnego zamieszkiwania, który powstał w Danii, a potem błyskawicznie rozprzestrzenił się na całą Skandynawię i poza nią.

Jego inicjatorami były rodziny i pojedyncze osoby niezadowolone z ówczesnego sposobu życia. Jedną z nich była Bodil Graa, która w jednym z największych duńskich dzienników opublikowała artykuł zatytułowany „Dzieci powinny mieć stu rodziców" i wezwała do dyskusji wszystkich, którzy myślą podobnie. Jej apel spotkał się z takim odzewem, że wkrótce rozpoczęto budowę, a pięć lat później, w 1972 roku, oddano do użytku Sætterdammen, zespół mieszkalny składający się z dwudziestu siedmiu osobnych mniejszych domów i jednego większego wspólnego budynku, położony w pobliżu Hillerød, na północ od Kopenhagi. Istnieje do dzisiaj, ma siedemdziesięciu mieszkańców, a lista oczekujących na możliwość kupienia tam mieszkania jest długa. W podobnych wspólnotach mieszka dzisiaj w Danii około pięćdziesięciu tysięcy ludzi, a ich popularność ciągle rośnie.

Fælleshaven, w którym dorastał mój przyjaciel Mikkel, jest jedną z setek tego rodzaju wspólnot. Obecnie mieszka tu szesnaście rodzin z dwudziestką dzieci. Całość została zaprojektowana tak, żeby zapewnić mieszkańcom zarówno prywatność, jak i poczucie wspólnoty. Każda rodzina ma swój własny dom ze wszystkimi jego urokami. Prywatne domy są zgromadzone wokół wspólnej przestrzeni – ogrodu i dużej wspólnej kuchni z jadalnią, mimo że każdy dom ma też swoją, prywatną kuchnię. Tak więc rodziny żyją osobno, ale razem.

Od poniedziałku do czwartku można jadać posiłki we wspólnej kuchni. Zwykle do stołu siada od trzydziestu do czterdziestu osób. Obiad dla dorosłego kosztuje około dwudziestu koron, dla dziecka – połowę tej kwoty. To niewiele – w Kopenhadze café latte kosztuje zwykle czterdzieści koron.

Lecz to nie ceny posiłków przyciągają tam ludzi. Szczególnie dla rodzin z małymi dziećmi dużym plusem jest to, że przez cztery dni w tygodniu nie muszą się zajmować zakupami i gotowaniem. Mogą wykorzystywać ten czas na pomaganie dzieciom w lekcjach, granie z nimi w *kubb* czy uczenie, jak rozpalić ognisko. Mniej więcej raz na sześć miesięcy przez tydzień jest się członkiem załogi przygotowującej obiad. Starsze dzieci zwykle pomagają dorosłym, a przy okazji uczą się gotować. Taka kuchenna wachta trwa zwykle trzy godziny: od przygotowania posiłku do pozmywania naczyń – oczywiście z przerwą na obiad i kawę. We wszystkie pozostałe wieczory mogą się odprężyć i spokojnie czekać na dzwonek, który obwieści, że obiad podano.

Oprócz kuchni z jadalnią i miejsca na ognisko Fælleshaven ma też wspólny ogród warzywny, boisko i plac zabaw, pracownię artystyczną, warsztat i zapasowe pokoje gościnne, jeśli ktoś nie ma dość miejsca, żeby przenocować gości w swoim domu. Dzieci zawsze mają się z kim bawić. Jeśli rodzice chcą się wybrać do kina czy teatru, nie muszą załatwiać opiekunki: posyłają po prostu swoje dzieci do przyjaciół po drugiej stronie podwórza.

Według danych duńskiego Biura Statystyki Krajowej liczba *bofællesskaber* wzrosła w ciągu ostatnich sześciu lat o 20 procent. Jest to szczególnie atrakcyjne rozwiązanie dla rodzin poszukujących przyjaznego otoczenia dla swoich dzieci, a także dla starszych, zagrożonych społeczną izolacją.

Kilka lat temu duński antropolog Max Pedersen przeprowadził szeroko zakrojone badania dotyczące *seniorbofællesskaber*, czyli wspólnot mieszkaniowych dla ludzi starszych. 98 procent badanych zadeklarowało, że czują się bezpieczni w swojej wspólnocie, 95 procent było zadowolonych ze swojej sytuacji życiowej, a najciekawsze, jak sądzę, było to, że 70 procent podało, że wśród sąsiadów ma co najmniej czworo przyjaciół.

A jak to wygląda u was? Znacie nazwiska swoich sąsiadów? Możecie kogoś z nich nazwać przyjacielem?

Jak wielu ze swoich sąsiadów nazwałbyś swoimi przyjaciółmi?

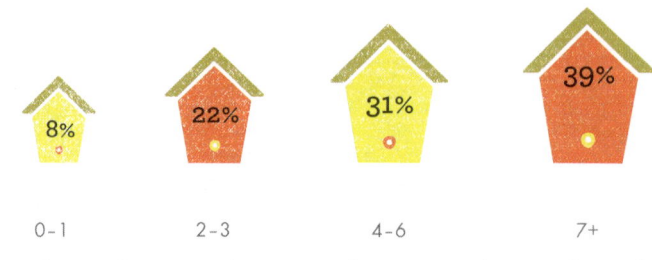

0-1	2-3	4-6	7+
8%	22%	31%	39%

Liczba sąsiadów uznanych za przyjaciół przez Duńczyków mieszkających w *bofællesskaber*

Źródło: Max Pedersen, Wielki eksperyment *(Der store eksperyment), 2013.*

Przedstawiony model wspólnoty zyskuje ostatnio coraz większą popularność na całym świecie, w szczególności w Kanadzie, Australii i Japonii. Kilkaset takich osiedli powstało już w Niemczech, Stanach Zjednoczonych i Holandii. W 2014 roku „Guardian" donosił, że ponad sześćdziesiąt projektów wspólnot mieszkaniowych jest obecnie realizowanych w Wielkiej Brytanii. Jo Gooding, koordynatorka Brytyjskiej Sieci Wspólnot Mieszkaniowych, określa je jako „samorządne społeczności rządzone niezależnie przez tworzących je ludzi".

Jak w miejscu, w którym wychowywał się Mikkel, sposób zaaranżowania przestrzeni zachęca do kontaktów społecznych i przyciąga starszych ludzi, którzy nie chcą żyć w izolacji ani w typowym domu starców, i rodziny, które w ten sposób zyskują wsparcie otoczenia w okresie, kiedy łączą wychowanie dzieci z karierą zawodową. Według „Guardiana" między 2012 a 2014 rokiem liczba grup założycielskich wspomnianych wspólnot wzrosła o 100 procent, ukończonych zostało co najmniej osiemnaście projektów. Trend ten jest szczególnie wyraźny w miastach, z Londynem, Cardiff, Newcastle, Leeds i Cambridge włącznie.

Jako badacz szczęścia przyznaję, że osobiście czuję się, no cóż – szczęśliwy. Nie trzeba jednak zawodowo zajmować się badaniem szczęścia, żeby się domyślić, jak silne więzy wspólnoty, poczucie bezpieczeństwa i przyjaźnie wpływają na nasz poziom szczęścia.

Równowaga między prywatnością a wspólnotowością jest oczywiście w takich systemach rozstrzygająca i *bofællesskab* nie jest dla każdego. Można jednak wziąć z nich to, co dobrze się sprawdza, i spróbować zastosować w innych warunkach. Nie ulega wątpliwości, że bycie częścią plemienia dobrze wpływa na nasz dobrostan. Przyjrzyjmy się więc konkretnym krokom, które mogą wzmocnić ducha wspólnoty w naszym sąsiedztwie.

PIĘĆ SPOSOBÓW NA UGRUNTOWANIE WSPÓLNOTY

1. STWÓRZ LISTĘ MIESZKAŃCÓW SWOJEJ ULICY LUB KLATKI SCHODOWEJ

Zapukaj do sąsiada i przedstaw się. Alternatywą – dla nas, introwertyków – może być wrzucenie podpisanej kartki do skrzynki na listy. Możesz powiedzieć, że tworzysz listę na wypadek awarii, na przykład pęknięcia rury lub innej pilnej potrzeby. Poproś o nazwiska i dane kontaktowe, ale pomyśl też o dodaniu kwestionariusza, który pozwoli ci lepiej poznać sąsiadów. Oto kilka przykładowych pytań: Czy zaopiekowałbyś się psem lub kotem? (Tak! A czy mógłbyś od czasu do czasu także wyprowadzić psa?). Jaka jest twoja ulubiona książka? (Osobiście nigdy nie mogę się zdecydować, czy jest to *Wielki Gatsby*, czy *Pożegnanie z bronią*). Iloma językami mówisz? (Ja, średnio – trzema. Po butelce wina – pięcioma, przed poranną kawą – ledwie jednym). Skup się na umiejętnościach, które mogą się przydać także innym sąsiadom. Spytaj, kto zna się na komputerach. Kto potrafi zmienić oponę? Kto wie, jak robić przetwory z owoców?

2. ZAMONTUJ PÓŁKĘ Z KSIĄŻKAMI DO POŻYCZANIA

Prostym sposobem nawiązania rozmowy jest założenie minibiblioteki działającej na zasadzie weź-jedną-zostaw-jedną. To nie musi być nic wymyślnego, nie chodzi o założenie drugiej Biblioteki Aleksandryjskiej.

Na mojej klatce schodowej w Kopenhadze kładziemy po prostu książki na szafce ze skrytkami na listy. Dzięki temu klatka zyskuje domowy klimat. Można obserwować, które książki cieszą się powodzeniem, a poza tym mamy pretekst do kontaktów z sąsiadami. Aktualny zbiór na mojej klatce obejmuje takie tytuły, jak: *Zwięzła historia architektury*, *Wielki Gatsby* i *Wprowadzenie do statystyki*. Z jakichś powodów dwie pierwsze pozycje wydają się cieszyć największą popularnością.

3. STARAJ SIĘ ŁAGODZIĆ KRAWĘDZIE

Na podwórku, tuż pod moim kuchennym oknem, stoi ławka, na której często siadam i czytam. Widać z niej wysoki kasztanowiec i słychać wiatr w jego liściach. Ławka stoi w przestrzeni półprywatnej – mogę być tam sam, ale na tyle blisko przestrzeni publicznej, że ludzie mnie pozdrawiają i pytają, co czytam. Jeśli nie będziesz widywał sąsiadów, nigdy ich nie poznasz. Właśnie takie miejsca – ogródki przed domami albo ganki – nazywane są miękkimi krawędziami. Badania dowodzą, że ulice, przy których są takie miejsca, dają większe poczucie bezpieczeństwa i ludzie spędzają na nich więcej czasu. Już sam fakt, że jest się przed własnym domem, stwarza przyjazną atmosferę i ośmiela do nawiązania kontaktu. Mało kto odważy się zajrzeć ci do kuchni, żeby ci powiedzieć cześć. Jeśli jednak siedzisz w ogródku przed swoim domem, ludzie mogą cię poznać, a ty możesz poznać ich. Dzięki mojej ławce dowiedziałem się, że nade mną mieszkają Peter i jego córka Katrine, a jeszcze wyżej Majed, który ma sklep z owocami, między innymi z pysznymi brzoskwiniami. Kiedy ostatnio go widziałem, wybierał się na pierwszą od dwudziestu lat wycieczkę rowerową. I jeszcze jedna ciekawa obserwacja: hałas, który robią sąsiedzi, przestaje być dokuczliwy, kiedy znamy ich imiona i historie.

4. STWÓRZ WSPÓLNY OGRÓD

Twój dom może nie mieć naturalnych miękkich krawędzi, ale w pobliżu może być kawałek ziemi, na którym można założyć mały wspólnotowy ogród. To sprawdzony sposób nie tylko na zapewnienie sobie świeżych warzyw, ale też na kultywowanie poczucia wspólnoty – świetna okazja do zapuszczenia korzeni. Doglądanie pomidorów nie tylko relaksuje i skłania do medytacji, ale też gromadzi ludzi z sąsiedztwa i sprzyja rozwojowi ducha wspólnoty. Innymi słowy jest to doskonały sposób na stworzenie wiejskiej atmosfery w wielkim mieście.

W dodatku badania dowodzą, że ogrodnictwo ma bardzo korzystny wpływ na nasze zdrowie psychiczne. Nie istnieje cudowna pigułka na depresję, niekiedy jednak ogród może się okazać czymś niejako w pół drogi między łóżkiem a światem zewnętrznym, wyciągając nas – dosłownie – na światło. Kilka lat temu Instytut Badań nad Szczęściem opracował dla władz pewnego duńskiego miasta strategię poprawy jakości życia jego mieszkańców i zasugerował stworzenie ogrodów dla lokalnych wspólnot, ponieważ jednym z największych problemów, jakie stały przed miastem, była samotność mieszkańców. Pomysł ten spodobał nam się tak bardzo, że sami też postanowiliśmy założyć ogród. I tak zrobiliśmy. Nasze biuro mieściło się wówczas naprzeciwko kościoła, który miał wolną działkę. Kupiliśmy więc ciężarówkę ziemi, zaprosiliśmy sąsiadów i jedno niedzielne popołudnie spędziliśmy na zakładaniu grządek. Wszystko zakończyliśmy wspólnym grillem.

5. ZACZNIJCIE SIĘ DZIELIĆ NARZĘDZIAMI

Wiertarka zwykle jest używana jedynie kilka minut w roku, nie ma więc potrzeby, żeby każdy z nas miał ją w domu. Wiertarki, młotki, cztery rodzaje śrubokrętów – to wszystko zajmuje miejsce, że nie wspomnę o dmuchawach do liści czy do śniegu. Dzielenie się narzędziami to świetny pretekst do nawiązywania znajomości z sąsiadami. Krótko mówiąc, nie tylko zyskujemy w ten sposób dostęp do nowych narzędzi, nie zagrażając mieszkania, ale też wzmacniamy ducha wspólnoty. Tworząc listę mieszkańców swojej ulicy, możesz spytać, jakich narzędzi potrzebują, jakie sami mają, jakie chcieliby móc pożyczyć od innych, a także jakie sami są gotowi pożyczyć innym. Jeśli macie miejsce w piwnicy, możecie też zainstalować specjalną tablicę na narzędzia. Przygotujcie ją, obrysowując kilka narzędzi, na przykład młotek i śrubokręt. Wbijcie haczyki do wieszania narzędzi. Narysujcie kontury narzędzi, których brakuje, żeby sąsiedzi mogli je uzupełnić własnymi.

STUDIUM PRZYPADKU
SHANI

Shani dorastała w Gibson, małym miasteczku w Kanadzie. Zarabiała na kieszonkowe, sprzedając przed domem maliny. Kiedy szła do szkoły, sąsiedzi zawsze ją pozdrawiali.

To było jedno z tych miasteczek, w których nikt nie zamyka drzwi na klucz. Kiedy Shani miała czternaście lat, przeniosła się z rodziną do Australii. Została nauczycielką. I koczownikiem przenoszącym się z kraju do kraju, z miasta do miasta. Tęskniła za kontaktem z ludźmi, których pamiętała z Gibson.

Później pełniła funkcję administratorki szkół pracujących z trudnymi dziećmi, co odbiło się na jej zdrowiu. Zachorowała. Dopadło ją wypalenie zawodowe i kliniczna depresja. W tym samym czasie jej życiowy partner Tim doznał poważnego urazu, będącego wynikiem obciążeń związanych z jego pracą. Był kamieniarzem i rzeźbiarzem, co okazało się zbyt dużym obciążeniem dla jego ramion, kolan i nadgarstków.

Mieszkali we Freemantle, na przedmieściu Perth w Zachodniej Australii, przy Hulbert Street, w cichym zaułku z trzydziestoma dwoma domami. Podobną uliczkę moglibyśmy bez problemu znaleźć w dowolnym mieście na świecie. Normalna ulica w normalnej dzielnicy normalnego miasta. Nikt nie zauważyłby różnicy. Do czasu kiedy Shani i Tim zainicjowali kurs edukacji środowiskowej dla sąsiadów. Doszli bowiem do wniosku, że wspólnotowość jest częścią zrównoważonego rozwoju. I postanowili zrobić coś, żeby ich ulica stała się bardziej „wspólnotowa".

Zadali mieszkańcom Hulbert Street pytanie, jak chcieliby zmienić swoją ulicę: „Jeśli moglibyśmy zrobić wszystko, na co mielibyśmy ochotę – nie troszcząc się o pieniądze, środki i o to, kto miałby co zrobić – to co chcielibyśmy, żeby się stało na naszej ulicy?".

Dorośli marzyli o pracy w ogrodzie i cotygodniowych popołudniowych herbatkach, dzieci o grze w krykieta i meczach piłki nożnej na środku ulicy. Pewien dziesięciolatek powiedział, że chciałby, żeby na ulicy powstała rampa dla deskorolkarzy. Cóż, to niemożliwe, pomyślała Shani.

A jednak to była pierwsza rzecz, która powstała – dzięki jednemu z sąsiadów, który nie tylko kupił potrzebne materiały, ale też sam skonstruował rampę. I właśnie ona zmieniła ulicę. Wcześniej jeździły po niej samochody, teraz stała się miejscem do gier i zabaw.

W tym samym czasie mieszkańców ulicy nękała plaga włamań. Byli zaniepokojeni, szczególnie mieszkająca samotnie na końcu osiemdziesięcioczteroletnia Anna. „Postanowiliśmy stworzyć coś, co nazwaliśmy rejestrem umiejętności. Początkowo była to zwykła lista kontaktowa, szybko jednak uzupełniliśmy ją o informacje o tym, co kto może udostępnić i czego sam potrzebuje" – wyjaśniła Shani.

Na liście znalazły się adresy, nazwiska, adresy e-mail i numery telefonów mieszkańców i – co najważniejsze – wymieniono na niej umiejętności i zasoby, którymi ludzie dysponowali, i te, których mogli potrzebować. Ktoś chciał się na przykład podzielić zebranymi przez siebie owocami morwy, która w tym sezonie wyjątkowo obrodziła. Komuś przydałaby się taczka, ale nie musiał jej kupować, bo mógł ją pożyczyć od Briana spod numeru 33. A jeśli ktoś potrzebował wózka, to mógł go pożyczyć od Philipa spod numeru 29. A Obi spod numeru 23 zadeklarował, że chętnie popilnuje kota, gdyby ktoś musiał wyjechać.

Dzięki liście wyszło również na jaw, że trzy panie chciałyby śpiewać w chórze, a ponieważ przy ulicy mieszkała była chórmistrzyni, panie – oczywiście – założyły Chór Ulicy Hulberta.

Skrawki ziemi przy ulicy zostały obsadzone warzywami – w ten sposób powstał Partyzancki Ogród Uliczny. Wkrótce już nikt się nie dziwił, kiedy po powrocie do domu znajdował na progu ziemniaki czy marchew. Jak uzyskałaś pozwolenie? – pytano Shani. – Pozwolenie? – odpowiadała. – Myślicie, że potrzebowałam pozwolenia? Zgodnie z tą filozofią wkrótce ruszyło Kino Ulicy Hulbert – raz w miesiącu mieszkańcy oglądali razem filmy. Przynosili własne krzesła i coś do jedzenia na składkowy stół.

Zasoby ulicznej społeczności rosły. Po jakimś czasie obejmowały: rower z przyczepką do wspólnego użytku i piec do pizzy na kółkach – nienależący do nikogo, ale chętnie przez wszystkich używany. Zaczęto organizować cotygodniowe kolacje z pizzą. Była też biblioteczka: przynieś książkę – weź książkę. I kozy. Tak, kozy. Dwie rodziny zgodziły się zlikwidować płot między swoimi posesjami, żeby w ten sposób zrobić miejsce dla kóz.

Współużytkowany piec do pizzy i stadko kóz wędrujące między ogródkami to też jakaś miara siły ulicznej wspólnoty. Jej najlepszym świadectwem były jednak reakcje mieszkańców, kiedy okazało się, że okradziono sejf Shani i Tima, w którym trzymali gotówkę, komputer i dyski z zapasowymi kopiami plików. Sąsiedzi pospieszyli z jedzeniem i pieniędzmi, jeden z wiadomością: Tu jest pięćset dolarów. Daję, bo mogę. Proszę, nie oddawajcie. Ktoś uruchomił Dropboxa, żeby odzyskać pliki i zdjęcia, które Shani i Tim stracili. Syn sąsiadów dał im kartkę z tekstem: „Życiowe porażki trudniej znieść, kiedy się nie zna żadnych przekleństw". Podarował też Shani pierwszy upieczony przez siebie bochenek chleba i całą swoją kolekcję muszli.

Co doradziłabyś ludziom, którzy chcieliby zrobić to, co ty zrobiłaś? – spytałem Shani.

Żeby nie robili niczego, co my zrobiliśmy – powiedziała i roześmiała się. – Powinni się zastanowić, co się sprawdzi u nich. Niech się zastanowią, co interesuje ludzi, co ich łączy – na tym powinno się bazować. Jeden z moich przyjaciół zaczął tworzyć wspólnotę swojej ulicy na bazie pomidorów. Dzisiaj co roku piętnaście rodzin zbiera się i robi razem przetwory z pomidorów.

Przykład Shani i Tima może nas wiele nauczyć. Po pierwsze pokazuje, jak ważne jest wyraźne określenie granic wspólnoty. Ulica Hulberta jest zaułkiem, co oznacza, że wspólnota jest dobrze określona geograficznie. Sądzę, że to może też tłumaczyć, dlaczego wyspiarze doświadczają silniejszego poczucia wspólnoty i własnej tożsamości. Po drugie przestrzeń wspólna musi być zabezpieczona. Może to być ulica zamknięta dla ruchu samochodowego z wyjątkiem pojazdów mieszkańców, ale podobną rolę spełniają też tereny zielone. Po trzecie przykład Shani i Tima pokazuje, jak silnymi motywatorami są marzenia. Martin Luther King nie zaczął swojej słynnej mowy od stwierdzenia: „Mam koszmary". Zmiany na ulicy Hulberta zaczęły się od pytania Shani o to, jak jej mieszkańcy chcieliby, żeby wyglądała. Warto zacytować słowa Antoine'a de Saint-Exupéry'ego, autora *Małego księcia*:

> „Jeśli chcesz zbudować statek, nie zwołuj ludzi do noszenia drewna, nie przydzielaj im zadań i prac, lecz raczej naucz ich tęsknić do bezkresnego ogromu morza".

WSKAZÓWKA SZCZĘŚCIA:
ZAMIEŃ ULICĘ WE WSPÓLNOTĘ

Skonsoliduj miejscową społeczność, tworząc listę umiejętności i zasobów, którymi jej członkowie mogliby się wymieniać.

Tak jak postąpiła Shani i mieszkańcy ulicy Hulberta – zacznij od nawiązania kontaktów z sąsiadami. Niektórym pewnie trudno sobie wyobrazić, że mogliby zapukać do drzwi sąsiada, ale ten stres zostanie wynagrodzony.

Możesz stworzyć listę mieszkańców ulicy albo klatki schodowej, pytając, czy ktoś ma jakieś książki, które chciałby podarować zakładanej przez ciebie minibibliotece albo czy chciałby wziąć udział w zakładaniu w sąsiedztwie wspólnego ogrodu.

Najważniejsze to zacząć rozmawiać z sąsiadami, nauczyć się ich imion, dowiedzieć się, co kto potrafi, poznać ich zainteresowania, potrzeby, i na tym zbudować wspólnotę, równie niepowtarzalną jak ludzie, którzy mieszkają na twojej ulicy.

TRZEBA CAŁEJ WSI, ŻEBY OSIĄGNĄĆ WYŻSZY POZIOM SZCZĘŚCIA

Pomyśl o czasie, kiedy czułeś się szczęśliwy albo po prostu czułeś się dobrze, śmiałeś się albo tylko uśmiechałeś. Przywołaj to wspomnienie i spróbuj odtworzyć w szczegółach.

Idę o zakład, że będziesz wspominać sytuacje, kiedy byłeś w towarzystwie innych ludzi. Ja w swoim wspomnieniu siedzę w górskiej chacie po całym dniu na nartach, otoczony przyjaciółmi, trzymam w ręku szklankę whisky, w kominku płonie ogień.

Wielokrotnie prosiłem o to ludzi z całego świata i najczęściej były to wspomnienia chwil, które spędzili w towarzystwie innych ludzi. To pokazuje, że żebyśmy mogli się poczuć naprawdę szczęśliwi, potrzebujemy innych. A także, że łatwiej nam zapamiętać dane i liczby, kiedy możemy je skojarzyć z konkretnymi sytuacjami.

Jeśli się przyjrzymy danym pokazującym, jak często ludzie spotykają się ze znajomymi, przyjaciółmi czy rodziną, łatwo dostrzeżemy pewną zależność: mianowicie, że im częściej ludzie spotykają się z innymi, tym są szczęśliwsi. Oczywiście należy też pamiętać, że ilość i jakość to dwie różne rzeczy.

Jak często spotykasz się z przyjaciółmi, rodziną czy kolegami?

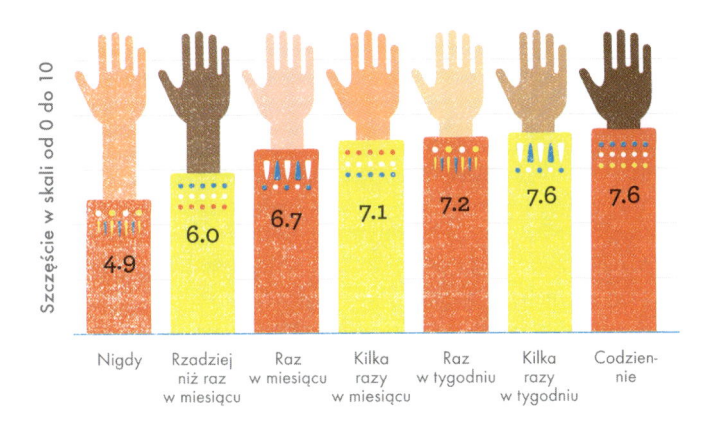

Szczęście w skali od 0 do 10

- Nigdy: 4.9
- Rzadziej niż raz w miesiącu: 6.0
- Raz w miesiącu: 6.7
- Kilka razy w miesiącu: 7.1
- Raz w tygodniu: 7.2
- Kilka razy w tygodniu: 7.6
- Codziennie: 7.6

Z iloma osobami możesz rozmawiać o sprawach osobistych, a nawet intymnych?

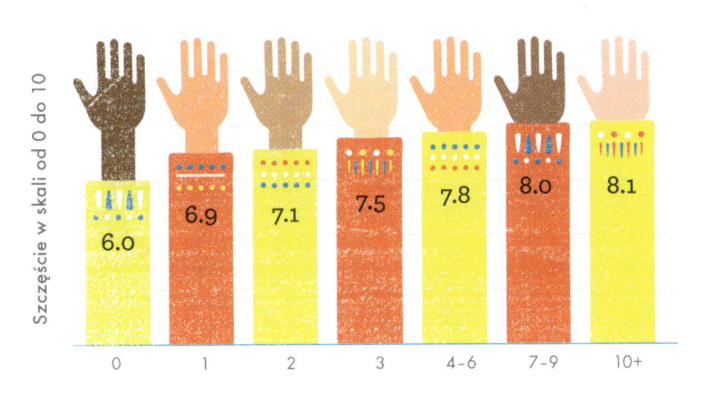

Szczęście w skali od 0 do 10

- 0: 6.0
- 1: 6.9
- 2: 7.1
- 3: 7.5
- 4–6: 7.8
- 7–9: 8.0
- 10+: 8.1

Źródło: Europejski Sondaż Społeczny, siódme wydanie.

Na pewno nie jestem jedynym człowiekiem, któremu zdarza się czuć samotnym w zatłoczonej sali. Nie chodzi bowiem tylko o to, żeby widywać się z ludźmi – chodzi o to, żeby się ze sobą kontaktować. Rozumieć się nawzajem. Ufać sobie na tyle, żeby móc opuścić gardę, pozwolić innym dowiedzieć się, co naprawdę myślimy. Dopuścić do siebie drugiego człowieka. Znajduje to odzwierciedlenie w danych. Im więcej mamy w otoczeniu ludzi, z którymi możemy rozmawiać o sprawach osobistych, tym jesteśmy szczęśliwsi.

Tak więc samotność nie sprzyja szczęściu. Dość oczywiste, prawda? Już ponad dwa tysiące lat temu Arystoteles zauważył, że człowiek to zwierzę społeczne. A w latach czterdziestych XX wieku piramida ludzkich potrzeb Maslowa pokazała, że potrzeba miłości i przynależności plasuje się w naszej hierarchii potrzeb tuż za potrzebą poczucia bezpieczeństwa i potrzebami fizjologicznymi.

Dzisiejsze wyniki badań nad szczęściem, wykorzystujące wielkie zbiory danych, brzmią jak echo tamtych ustaleń. Światowy Raport Szczęścia spisany na zlecenie ONZ pokazuje, że około trzech czwartych zróżnicowania poziomu szczęścia między różnymi krajami można przypisać działaniu sześciu czynników.

Jednym z nich jest wsparcie społeczne. Pięciu pozostałym przyjrzymy się w kolejnych rozdziałach.

Wsparcie społeczne mierzy się, pytając badanych, czy mają kogoś, na kim w sytuacji kryzysowej mogą polegać. To zerojedynkowy i zgubny sposób pomiaru. Jest jednak powszechnie stosowany, mamy więc wyniki z całego globu, a to pozwala nam wyznaczyć poziom szczęścia.

Na szczęście 88 procent mieszkańców państw OECD (Organizacji Współpracy Gospodarczej i Rozwoju) podaje, że zna kogoś, na kim może polegać i do kogo może się zwrócić w trudnej sytuacji. Najbezpieczniej czują się mieszkańcy Nowej Zelandii, Islandii i Danii. 95 procent mieszkańców tych krajów – lub więcej – wierzy, że przyjaciele wsparliby ich w potrzebie, podczas gdy mieszkańcy Węgier, Korei Południowej i Meksyku wykazują najniższy poziom ufności – odpowiednio 82, 76 i 75 procent.

Kilka lat temu poprosiłem swój bank o sprawdzenie, czy mógłbym dostać pożyczkę na zakup mieszkania. Kiedy powiedziałem, że zarabiam na życie, prowadząc badania nad szczęściem, człowiek siedzący po drugiej stronie stołu zaniemówił. Miałem trzydzieści parę lat, byłem singlem i miałem niepoważny zawód. Następnych kilka miesięcy spędziłem na kanapie przyjaciela, dzieląc ją z jego dwoma kotami. Tak to jest, kiedy chce się realizować marzenia. Ale nie rozpaczałem. Na szczęście miałem przyjaciół, którzy mnie wsparli.

WSKAZÓWKA SZCZĘŚCIA:
POSTĘPUJ JAK HOLENDRZY – ŚWIĘTUJ
DZIEŃ SĄSIADÓW

Podejmij wysiłek i zacznij rozmawiać z sąsiadami. Spotkajcie się na kawie, zaproponuj pomoc w ogrodzie albo po prostu kiedy następnym razem kogoś spotkasz, zatrzymaj się, żeby zamienić z nim kilka słów.

Holenderskie przysłowie mówi, że lepiej mieć dobrego sąsiada blisko niż przyjaciela daleko. Od 2006 roku 26 maja Holendrzy obchodzą Dzień Sąsiadów. Wszystko zaczęło się od inicjatywy zintegrowania sąsiadów i szybko zamieniło się w święto obchodzone w wielu miejscach w całej Holandii. Inspiracją dla pomysłodawców był sondaż, z którego wynikało, że trzech na czterech Holendrów za najlepsze miejsca do życia uważa te, których mieszkańcy regularnie robią coś razem. Inicjatorem sąsiedzkich spotkań był holenderski producent kawy Douwe Egberts. Po jakimś czasie firma nawiązała współpracę z Oranje Fonds, która od 2008 roku wspiera finansowo wspólnoty sąsiedzkie, żeby co roku mogły świętować swój dzień. Uczcić go można na różne sposoby – na przykład zorganizować imprezę dla całej ulicy albo wypić filiżankę kawy z sąsiadami, których zwykle się nie spotyka. Pamiętaj, żeby w przyszłym roku 26 maja przynajmniej pozdrowić sąsiadów, a jeszcze lepiej zaproś ich na kawę albo herbatę.

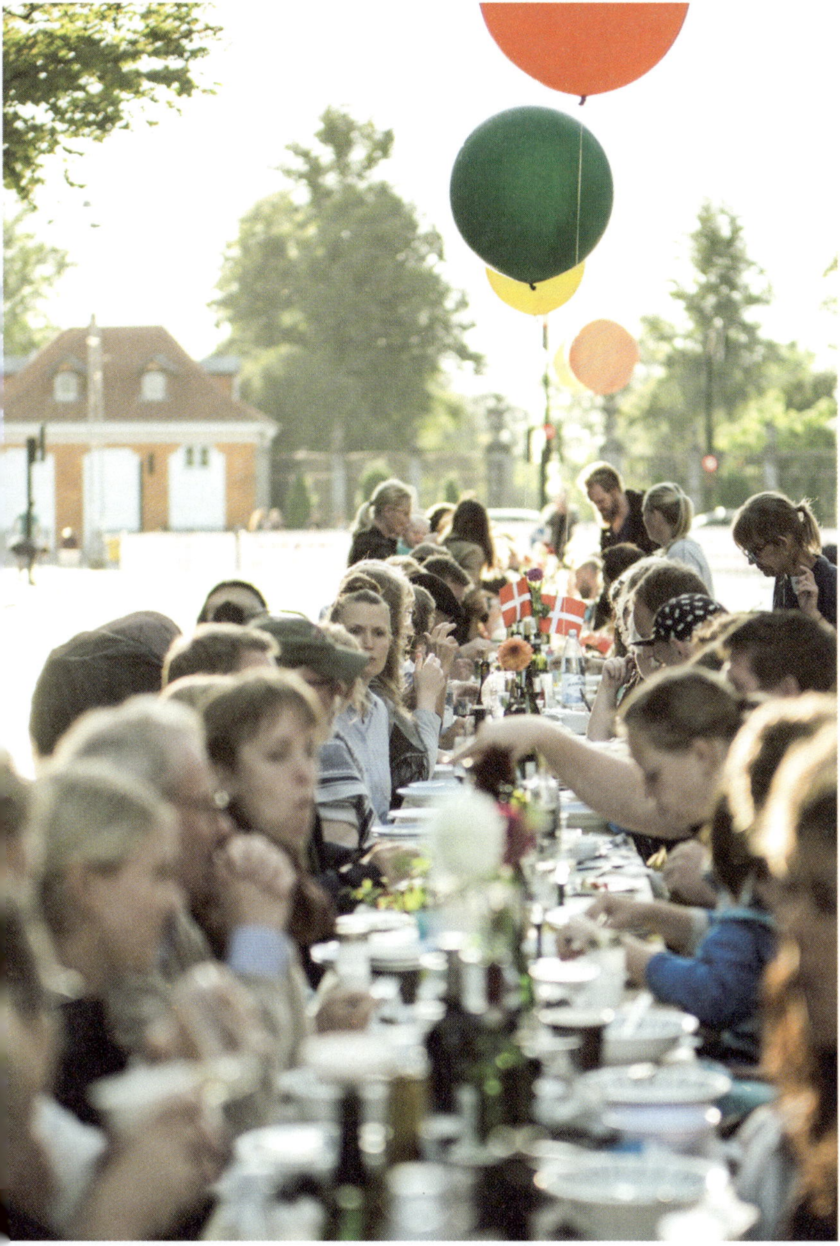

WSPÓLNE KRĘGLE

W roku 2000 profesor Harvardu, politolog Robert Putnam, opublikował Bowling Alone *(Samotna gra w kręgle), książkę o upadku społeczeństwa obywatelskiego w Ameryce. Stwierdził w niej, że Amerykanie coraz mniej angażują się w życie swoich wspólnot, co niszczy społeczeństwo jako takie.*

Amerykanie znacznie rzadziej niż kiedyś zostają wolontariuszami, chodzą do kościoła, znają swoich sąsiadów, zapraszają przyjaciół, wstępują do związków czy po prostu spędzają czas z przyjaciółmi – i ich kotami.

To zapewne po części tłumaczy, dlaczego w ciągu ostatnich kilku dekad takie kraje jak Stany Zjednoczone stały się bogatsze, a jednocześnie poziom szczęścia ich obywateli się obniżył. Można odnieść wrażenie, że często szukamy szczęścia nie tam, gdzie trzeba. Co gorsza nie jest to tylko problem Stanów Zjednoczonych, lecz problem globalny. My, ludzie, jesteśmy szczęśliwsi, kiedy czujemy się związani z innymi. Oczywiście za tym, co nas uszczęśliwia, musi stać coś więcej niż tylko zaspokojenie tęsknoty za miłością, przyjaźnią i wspólnotą. Na pewno ludzie pragną gdzieś przynależeć, tylko często nie są pewni, jak to osiągnąć.

To wyzwanie, które wraz z rozwojem technologii staje się wręcz coraz większe. Jesteśmy połączeni jak nigdy wcześniej, ale wciąż czujemy się samotni. Nasze relacje są skomplikowane, trudne i nieuporządkowane. Próbujemy je naprawiać za pomocą technologii. Wolimy zadzwonić do kogoś niż spotkać się z nim osobiście – i raczej do niego napiszemy, niż zadzwonimy. Pociąga nas złudzenie łączności bez wymogu intymności i chociaż media społecznościowe mają dobre strony – na przykład umożliwiają kontaktowanie się na duże odległości – okazuje się, że ludzie, którzy ograniczają korzystanie z nich, są szczęśliwsi i mają więcej kontaktów z innymi w *realnym* świecie.

W 2015 roku przeprowadziliśmy w naszym Instytucie pewien eksperyment. Zapytaliśmy uczestników badania o różne wymiary szczęścia i podzieliliśmy ich losowo: jedni znaleźli się w grupie kontrolnej, która dalej zaglądała na Facebooka z dotychczasową częstotliwością, drudzy w grupie eksperymentalnej, która przez tydzień w ogóle tego nie robiła. Po tygodniu poprosiliśmy wszystkich, żeby jeszcze raz ocenili swoje życie.

Okazało się, że grupa eksperymentalna była znacznie bardziej zadowolona z życia. Jej członkowie deklarowali też, że czerpią z życia więc przyjemności, czują się mniej osamotnieni. Ci, którzy nie korzystali z Facebooka, byli też bardziej aktywni towarzysko i zadowoleni z tej sfery swojego życia. Żeby zrozumieć długofalowe skutki takiej zmiany, trzeba przeprowadzić dalsze badania. Otrzymaliśmy jednak kolejny dowód na to, że technologie informatyczne wciąż jeszcze są we wczesnej fazie rozwoju, niemal w stadium dzieciństwa, a my wciąż jeszcze uczymy się nimi posługiwać. Jednym z wyzwań jest wytworzenie w społeczności lokalnej krytycznej masy analogowej. Rozumiem przez to wystarczającą liczbę ludzi nieprzyklejonych do swoich urządzeń. Tak, żeby zawsze można było z kimś porozmawiać albo zagrać w kręgle. Tylko skąd możemy mieć pewność, że odłączywszy się od społeczności cyfrowej, będziemy mieli z kim rozmawiać? Pewna duńska szkoła znalazła sposób, żeby to sprawdzić.

WSKAZÓWKA SZCZĘŚCIA:
ANALOGOWA MASA KRYTYCZNA

Zachęć przyjaciół i rodzinę, żeby na kilka godzin w tygodniu odstawili technologię. Nie ulegajcie pokusie sprawdzania telefonów komórkowych, poddajcie się cyfrowemu detoksowi.

Na terenie rozciągającym się wokół naszego letniego domku rozpalaliśmy ogniska w *midsommar*, ale też graliśmy w różne gry. Kiedy byłem dzieckiem, bez trudu mogłem zwerbować dwadzieścioro pięcioro dzieciaków do gry w *rundbold* (to taka prostsza duńska wersja bejsbolu) – oczywiście było to w czasach, kiedy jeszcze nie było iPadów. Zeszłoroczny sondaż przeprowadzony na zlecenie brytyjskiej organizacji Action for Children (Akcja na rzecz dzieci) wykazał, że rodzicom trudniej jest przekonać dziecko do wyłączenia komputera, komórki czy innego urządzenia niż skłonić do odrabiania lekcji. Niemal co czwarty rodzic przyznaje, że ma problem z kontrolowaniem, jak długo jego dziecko gra w gry komputerowe, podczas gdy tylko dziesięć procent walczy z dziećmi o odrabianie lekcji. Jedną z przyczyn tego zjawiska jest to, że dzieci nie chcą się znaleźć poza społecznością sieciową.

Pewna duńska szkoła z internatem postanowiła stworzyć wspólnotę szkolną, podejmując kroki, które dzieci uznały za ekstremalne. Pracownicy odebrali uczniom smartfony i inne gadżety. Dostęp do Facebooka, Instagramu i Snapchata został ograniczony do godziny dziennie. Po pierwszym semestrze takiego rygoru system poddano ocenie – głosowali uczniowie. Spytano ich, czy nowe zasady mają nadal obowiązywać, czy też chcą odzyskać komórki i elektroniczne gadżety i móc ich używać do woli. Osiemdziesiąt procent uczniów zagłosowało za pierwszą możliwością. Oczywiście takie zasady działają jedynie wtedy, kiedy stosuje się do nich dostatecznie dużo osób.

Jeśli tylko ty nie masz smartfona, a reszta klasy snapchatuje z przyjaciółmi, to czujesz się osamotniony. Dlatego tak ważne jest uzyskanie masy krytycznej w swoim kręgu towarzyskim. Spróbujcie namówić kilka rodzin z okolicy na analogowe wieczory – na przykład w czwartki. Albo wprowadźcie zakaz używania komórki podczas wieczornego posiłku. Możecie też powiesić na wieszaku w przedpokoju koszyk na telefony i zachęcić przyjaciół, żeby je w nim deponowali na czas wizyty u was.

BYCIE RAZEM

Bofællesskab
Dania: zespoły mieszkaniowe projektowane tak, żeby mieszkańcy mogli zachować prywatność, ale też by mogła powstać wspólnota. Rodziny mieszkają osobno, ale blisko siebie, nie żyją w izolacji i nie muszą wkładać tyle wysiłku w codzienną logistykę. Więcej na stronach 45-51.

Przekształcanie ulic we wspólnoty
Perth, Australia: Stosując się do mądrości autora *Małego Księcia*, Shani, młoda Kanadyjka, zmieniła swoją ulicę we wspólnotę, organizując wieczory z pizzą, wieczorne pokazy filmów, zakładając ogródki z ziołami i kupując kozy. A wszystko dzięki odpowiedziom mieszkańców na pytanie o to, na jakiej ulicy chcieliby mieszkać. Więcej na stronach 57-63.

Narodowy Dzień Sąsiadów
Holandia: Przekonanie Holendrów, że dobry sąsiad jest lepszy niż będący daleko przyjaciel, stał się dla wielu z nich inspiracją do zaproszenia sąsiadów na filiżankę kawy w ramach ogólnonarodowego święta, które obchodzi się w wielu miejscach w Holandii. Więcej na stronie 68.

Od miasta aut do miasta ogrodów
Detroit, USA: Po kryzysie finansowym, który zrujnował gospodarkę Detroit, ludzie zaczęli rewitalizować miasto, przekształcając je z miasta aut w miasto ogrodów. Miejskie ogrody pozakładano w całym mieście. Dzisiaj działa tam jeden z największych „rolniczych" ruchów miejskich na świecie.

Moai

Okinawa, Japonia: Żyją tam najzdrowsi ludzie na świecie, wielu dożywa ponad stu lat. Niektórzy sugerują, że ma to związek z *moai*, co znaczy „zejść się we wspólnym celu". To ważna część tradycji Okinawy. Mieszkańcy tworzą niewielkie, bezpieczne sieci towarzyskie, które ich wiążą na całe życie. *Moai* powstaje przy narodzinach dziecka i pomaga mu zintegrować się ze wspólnotą, której członkiem będzie do końca życia. Kiedy masz poważne problemy: trudną sytuację ekonomiczną, jesteś chory albo w żałobie po utracie kogoś bliskiego, *moai* jest przy tobie.

Día de los Muertos

Meksyk: Święto zmarłych obchodzone jest co roku między 28 października a 2 listopada. Wierzy się, że tego dnia zmarli mają boskie przyzwolenie na odwiedzanie przyjaciół i krewnych na ziemi. Ludzie odwiedzają groby rodziny i przyjaciół, zabierając ze sobą jedzenie i napoje. Jest to raczej święto życia niż żałoba czy refleksja nad przemijaniem. I okazja do bycia razem, także ze zmarłymi.

Trzeba całej wsi, żeby wychować dziecko

Afryka Zachodnia: Przysłowie, które mówi, że trzeba całej wsi, żeby wychować dziecko, istnieje w wielu kulturach afrykańskich. Niektórzy wywodzą je z języków igbo i joruba, których używa się w Zachodniej Afryce. Nasz język kształtuje nasze zachowania, a przysłowie ma nam przypominać, że wszyscy jesteśmy dla siebie nawzajem opiekunami. Jeśli zastosujemy się do niego, to wszyscy będziemy szczęśliwsi.

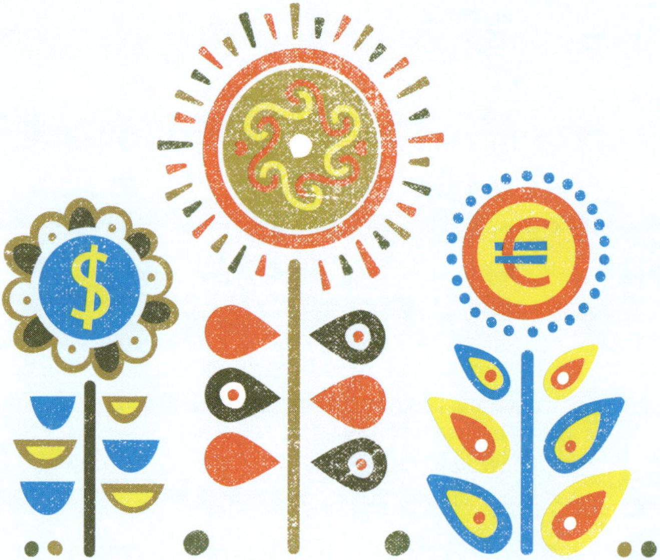

ROZDZIAŁ CZWARTY

—

PIENIĄDZE

PIENIĄDZE

―――

Pewnego dnia, kiedy miałem jedenaście lat, przeczytałem nagłówek w „Børsen", duńskim odpowiedniku „Financial Times": DOLAR ZDROŻEJE DO OŚMIU KORON W CIĄGU ROKU.

Wówczas za dolara płacono około siedmiu koron. Zareagowałem tak, jak zareagowałby każdy normalny dzieciak: poszedłem do banku i wymieniłem wszystkie swoje oszczędności na dolary.

– Wybierasz się na wakacje do Stanów? – spytała pani w okienku, przeliczając moje korony na dolary.

– Nie – powiedziałem. – Nie czytała pani „Børsen"?

To nie był odosobniony przypadek. Pierwsze akcje i obligacje kupiłem, mając dziesięć lat, a w pokoju miałem plakat przedstawiający stertę pieniędzy z podpisem: mój pierwszy milion. W szkole moja klasa razem z innymi bawiła się w giełdę: kupowaliśmy i sprzedawaliśmy udawane akcje. Do transakcji braliśmy kursy z gazety, czyli z poprzedniego dnia, więc osobiście codziennie dzwoniłem do banku i dowiadywałem się, jakie firmy są danego dnia najsilniejsze. A potem moja klasa kupowała akcje właśnie tych firm. Dorośli twierdzili, że to wykorzystywanie poufnych informacji. My nazywaliśmy to szczęściem. I tak kiedy miałem jedenaście lat, brakowało mi tylko szelek, żebym mógł zostać Gordonem Gekko.

Opowiadam to wszystko po to, żebyście, czytając kolejne strony, nie pomyśleli, że w młodości byłem dzieckiem hippisem spędzającym czas na liczeniu kwiatków. Ale wróćmy do historii z moimi oszczędnościami: „Børsen" się pomyliła. Dolar spadł do sześciu koron. Do dziś chowam urazę do redakcji.

200
TO HUND
KRONER
637171M
100
ET HUND
KRONER
850499K
50
HALVTREDS
KRONER
601581B

NAJWYŻSZE NOTOWANIA SZCZĘŚCIA

Gdyby pieniądze i szczęście miały opisać swój związek na Facebooku, wybrałyby określenie: to skomplikowane.

Dochód i szczęście są ze sobą skorelowane.

Ogólnie mówiąc, im bogatszy kraj, tym ludzie szczęśliwsi. Produkt krajowy brutto – PKB na głowę mieszkańca, narodowe bogactwo – to jeden z sześciu czynników wyjaśniających, dlaczego ludzie z niektórych krajów są szczęśliwsi niż ludzie z innych.

Trzeba jednak podkreślić, że ta zależność polega prawdopodobnie na tym, że to b r a k pieniędzy jest przyczyną nieszczęścia. Dlatego w przypadku społeczeństw biednych należy się skupić na poprawie warunków materialnych. Wyższy dochód gospodarstw domowych zwykle oznacza poprawę warunków życia ludzi ubogich, a w rezultacie szczęście ogółu.

Jeśli posiadanie pieniędzy oznacza, że można postawić na stole jedzenie, mieć dach nad głową i móc utrzymać dzieci, to można powiedzieć, że pieniądze są w stanie zmienić nędzę w szczęście. Jeśli jednak pieniądze wydaje się na Gondolę Spokoju dla Psa za tysiąc dolarów, która sprawia, że pies „na łóżku jak obłok odpłynie w stan błogości dzięki łagodnym kolorom, zmiennemu światłu i relaksującej muzyce" – sprawdźcie w Google, coś takiego naprawdę istnieje – to mogę was zapewnić, że nie ma dla was nadziei, nie ma już nic, co mogłoby was uczynić szczęśliwszymi. W istocie nie tylko osiągnęliście już szczyt szczęścia, ale też zaczęliście już spadać w przepaść, a na dodatek wasz pies pewnie właśnie robi kupę w swojej niebiańskiej gondoli.

Jak zwykle: im więcej czegoś mamy, tym mniej szczęścia nam to daje. Pierwszy kawałek ciasta – świetny, piąty – już niekoniecznie. Ekonomiści nazywają to prawem malejącej użyteczności krańcowej. To dlatego niektóre kraje i społeczeństwa stają się co prawda coraz bogatsze, ale bynajmniej nie coraz szczęśliwsze. Inna przyczyna jest taka, że szybko przyzwyczajamy się do poziomu dobrobytu. W badaniach nad szczęściem określamy to zjawisko mianem hedonistycznego kieratu.

WIELKIE NADZIEJE

Wszyscy mamy marzenia. Osobiście często wyobrażam sobie, że w końcu zabieram się za siebie i odzyskuję formę, i wtedy dociera do mnie, że uniemożliwi mi to awans w Candy Crush. *Ale przecież można pomarzyć. Pofantazjować. Że kiedyś, w przyszłości, przeniosę się do Francji, nauczę się francuskiego i napiszę książkę.*

Pytanie brzmi: jak nasze oczekiwania i ambicje wpływają na to, czy czujemy się szczęśliwi? Próbując zrozumieć tę zależność, Timothy Judge, profesor zarządzania w Mendoza College of Busisness na Uniwersytecie Notre Dame, przeanalizował dane dotyczące siedmiuset siedemnastu osób. Pierwsze pochodziły z 1922 roku – czyli z roku, w którym w Białym Domu pojawiło się pierwsze radio. Uczestnicy badania byli wówczas dziećmi. Przez następne siedemdziesiąt lat śledzono ich losy. W tym czasie na świecie doszło do wojny światowej, pierwszy człowiek postawił stopę na księżycu, jedne mocarstwa upadły, inne się narodziły – no i wynaleziono Internet.

Uczestnicy badania zostali określeni jako bardziej lub mniej ambitni. Opinie te opierały się na wypowiedziach samych uczestników, a także ich rodziców. Jak zapewne można było się spodziewać, ci bardziej ambitni mieli na koncie więcej sukcesów, to znaczy: ukończyli bardziej prestiżowe kierunki studiów na najlepszych uniwersytetach, takich jak Harvard czy Princeton, a potem podjęli pracę w bardziej prestiżowych zawodach i więcej zarabiali.

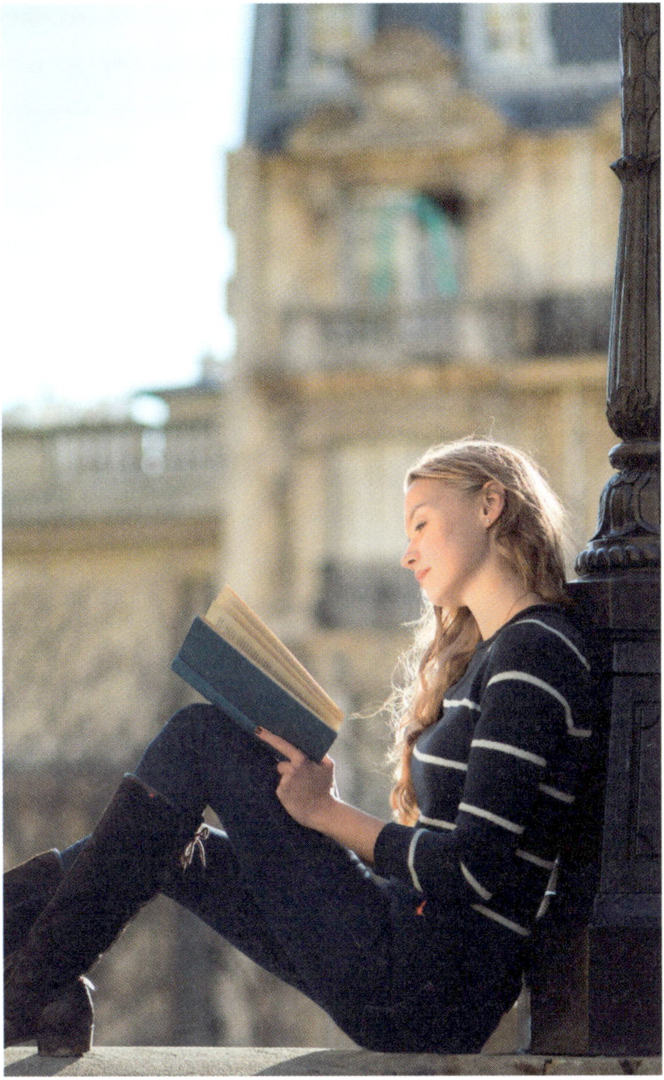

Jeśli chodzi o stronę materialną, Marek Aureliusz pewnie miał rację, twierdząc, że człowiek jest wart tyle co jego ambicja. Nie zwrócił jednak uwagi na to, że to, ile człowiek jest wart, nie przekłada się na jego dobre samopoczucie.

Kiedy ci ambitniejsi z nas osiągają cel, natychmiast stawiają przed sobą nowy. To właśnie nazywamy hedonistycznym kieratem. Bez przerwy podnosimy samym sobie poprzeczkę szczęścia – bo hedonistyczny kierat napędza nasza ambicja. Innymi słowy skutkiem ubocznym bycia ambitnym jest to, że chociaż mamy osiągnięcia, nigdy nie czujemy się usatysfakcjonowani.

Możliwe, że jest trochę prawdy w powiedzeniu, że szczęście to ambicja minus rzeczywistość. Czy waśnie dlatego Duńczycy osiągają tak wysokie pozycje na skali szczęścia? Bo mają niewielkie oczekiwania? Są tacy, którzy sugerują, że tak właśnie jest.

Jakieś dziesięć lat temu w grudniu „British Medical Journal" opublikował artykuł pod tytułem „Dlaczego Duńczycy są pewni siebie: studium porównawcze zadowolenia z życia w Unii Europejskiej". Konkluzja była taka, że kluczowym czynnikiem sprawiającym, że Duńczycy czują się szczęśliwi, są konsekwentnie niewielkie oczekiwania co do następnego roku. „Rok w rok są mile zaskoczeni tym, że nie wszystko się psuje w państwie duńskim" – ten wniosek powtórzyły między innymi BBC i CNN. Jedna drobna uwaga: artykuł okazał się żartem.

Numer grudniowy był wydaniem świątecznym. Wyjaśniono w nim także, dlaczego Rudolf, jeden z reniferów Świętego Mikołaja, ma czerwony nos – oczywiście z powodu dużej liczby naczyń włosowatych – zaś w artykule o szczęśliwych Duńczykach dopatrywano się też wpływu na poczucie szczęścia dużego udziału blondynów wśród mieszkańców kraju i wysokiego poziomu konsumpcji piwa – autor sugerował, że Duńczycy okazali się szczęśliwi, ponieważ w trakcie badania byli pijani – a w konkluzji stwierdzono między innymi, że jedną z przyczyn takiego wyniku badań była wygrana z Niemcami dwa do zera w finale mistrzostw w piłce nożnej, Euro 92. Wprawiło to ponoć Duńczyków w stan takiej euforii, że od tamtego czasu kraj nie był już taki sam.

To, że artykuł był dowcipem, a nie opisem rzetelnych danych, nie znaczy, że nie mogła to być prawda.

Satysfakcja z życia – obecnie i w przyszłości – poszczególnych grup dochodowych w Danii

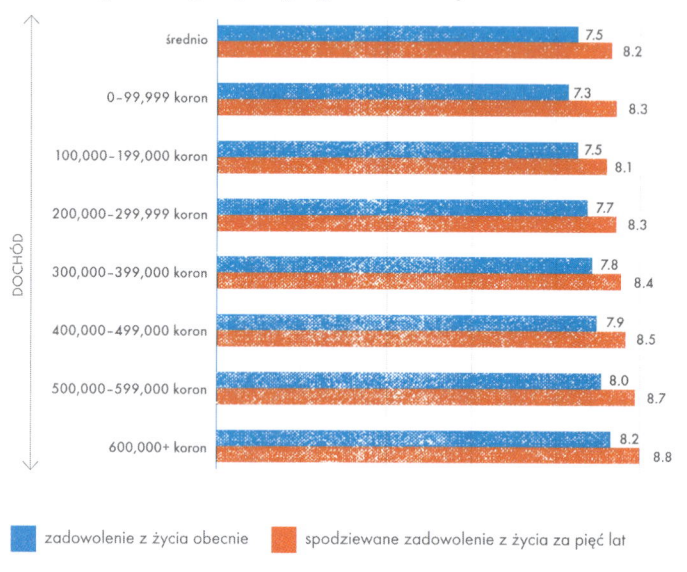

DOCHÓD	zadowolenie z życia obecnie	spodziewane zadowolenie z życia za pięć lat
średnio	7.5	8.2
0–99,999 koron	7.3	8.3
100,000–199,000 koron	7.5	8.1
200,000–299,999 koron	7.7	8.3
300,000–399,000 koron	7.8	8.4
400,000–499,000 koron	7.9	8.5
500,000–599,000 koron	8.0	8.7
600,000+ koron	8.2	8.8

Źródło: Danmarks Statistik

Na szczęście dane duńskiego urzędu statystycznego mogą dać nam odpowiedź na pytanie, czy to *rzeczywiście* prawda. Ankieterzy pytają badanych nie tylko o to, jak dobrze oceniają swoje życie teraz, ale także jak wyobrażają sobie stan swojego ducha za pięć lat. Czy sądzą, że będą wtedy szczęśliwi? Okazało się, że Duńczycy oczekują, że w przyszłości będą jeszcze szczęśliwsi. Może są mniej ambitni, jeśli chodzi o gromadzenie pieniędzy, lecz nic nie świadczy o ich niewielkich oczekiwaniach co do szczęścia.

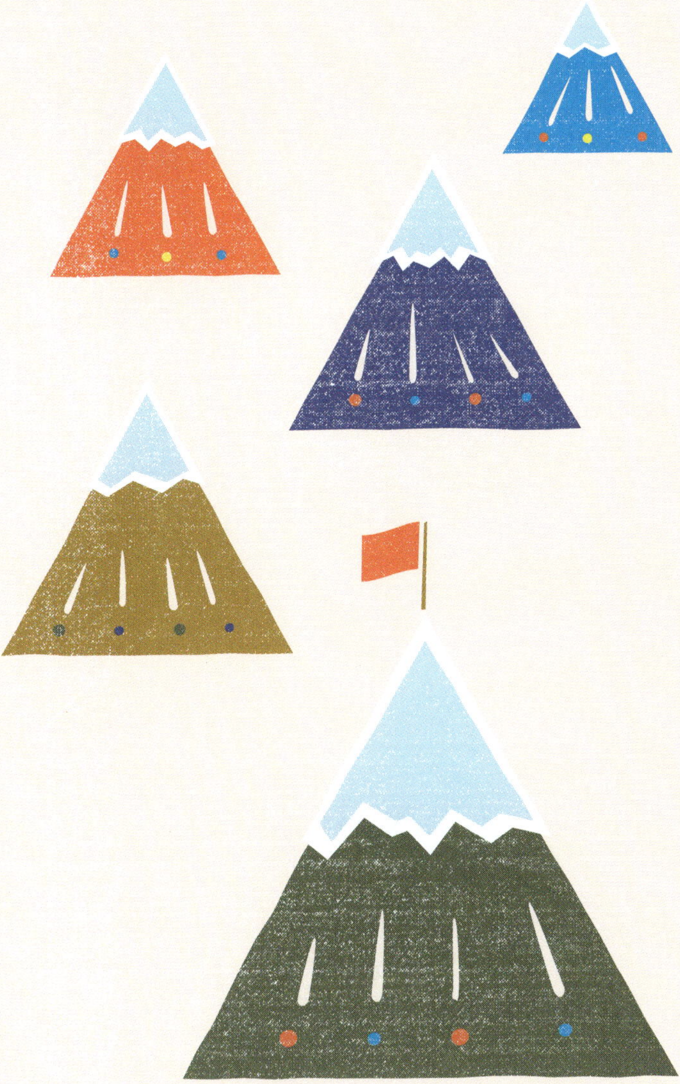

WSKAZÓWKA SZCZĘŚCIA:
BĄDŹ GOTÓW NA HEDONISTYCZNY KIERAT

Ciesz się podróżą do wybranego celu, ale nie zapominaj, że jego osiągnięcie nie przyniesie ci całkowitego zaspokojenia.

Musisz być świadomy tego, że osiągnięcie celu może cię uszczęśliwić, ale tylko na chwilę. Ciągle podnosimy sobie poprzeczkę oczekiwań wobec szczęścia. Kiedy ukaże się książka, którą napisałeś, przez chwilę będziesz szczęśliwy, a potem natychmiast pomyślisz, że dobrze byłoby, gdyby trafiła na listę bestsellerów „Sunday Times'a" i oczywiście stała się światowym hitem. Wiem to z własnego doświadczenia.

Uważam, że każdy powinien znaleźć coś, co będzie powstrzymywać jego rosnące ambicje. Może powinniśmy się zastanowić, jak podążanie za szczęściem zamienić w szczęście podążania? Ludzie, którzy dążą do czegoś, co jest dla nich ważne – chcą zbudować łódź albo wyhodować doskonałego pomidora – zwykle są szczęśliwsi. Wiedzą, że szczęście to produkt uboczny tego, co się robi, nie zaś garnek pełen złotych monet na mecie.

OCZEKIWANIE ROZGRZEWA SERCE

―

*Pewnego ranka Kubuś Puchatek rozmawiał
z Prosiaczkiem o tym, co lubią najbardziej na świecie.
I choć Kubuś był wielkim miłośnikiem miodu, to chwilę
tuż przed przystąpieniem do jedzenia uznał za lepszą
od samego jedzenia. Tylko nie potrafił jej nazwać.*

A.A. Milne, który opisał historię Kubusia Puchatka, nie był pisarzem. Był badaczem szczęścia. Oczekiwanie może być źródłem radości. Wyobraźcie sobie, że możecie pocałować kogo tylko chcecie. Jakąś gwiazdę. George Clooney? Angelina Jolie? Ja wybrałbym Rachel Weisz. Tak, wiem, że jest żoną Jamesa Bonda, więc lepiej trzymać się od niej z daleka. Więc kto? Dokonaliście już wyboru? Jeśli tak, to zastanówcie się, kiedy chcielibyście, żeby to się stało. Teraz? W ciągu trzech godzin? Dwudziestu czterech? W ciągu trzech dni? Roku? Dziesięciu lat?

Jeśli jesteście podobni do uczestników badania przeprowadzonego przez George'a Loewensteina, profesora ekonomii i psychologii na Uniwersytecie Carnegie Mellon i dyrektora Centrum Badań Zachowań Decyzyjnych, powinniście chcieć, żeby to się stało w ciągu trzech dni. Tak, ktoś naprawdę to zbadał.

Wyniki badania „Oczekiwanie i wartościowanie odłożonej konsumpcji" opublikowano w 1987 roku – w roku premiery *Dirty Dancing* – wiemy więc, kogo wszyscy uczestnicy chcieli całować. Ale badanie to pokazało też, że wszyscy zapłaciliby więcej za doświadczenie tego za trzy dni niż teraz, od razu.

Co roku najważniejsze jest dla mnie to, żebym mógł spędzić tydzień z przyjaciółmi na nartach w Alpach. I nie chodzi tylko o szlifowanie narciarskich umiejętności. To także inwestycja w innych – i coś, na co zaczynam czekać już pół roku wcześniej. Wyobrażam sobie siebie i moich przyjaciół szusujących po zboczu – nucę melodię z *Jamesa Bonda* – albo odpoczywających na balkonie na tle nieba o tym odcieniu błękitu, który powstaje tylko przez kontrast z bielą ośnieżonych szczytów. Niemal czuję ciepło filiżanki kawy w dłoniach i ciepłe promienie słońca na twarzy.

Chodzi o to, że w pewnych okolicznościach oczekiwanie może być źródłem wielkiej radości. Ale musimy być świadomi, że w innych okolicznościach oczekiwanie i ambicje mogą się stać źródłem cierpienia.

WSKAZÓWKA SZCZĘŚCIA:
ZAPŁAĆ TERAZ, SKONSUMUJ PÓŹNIEJ

Jeśli planujesz coś przyjemnego, upewnij się, że stanie się to dopiero za jakiś czas, żebyś miał się na co cieszyć.

Co chciałbyś robić za pół roku? Pójść z przyjaciółmi na koncert? Zaprosić kogoś, wobec kogo masz dług wdzięczności, do dobrej restauracji? Kupić już teraz bony prezentowe? Albo w jeszcze dalszej perspektywie – powiedzmy za dziesięć lat. Czego chciałbyś wtedy doświadczyć? O czym marzysz? Zacznij odkładać pieniądze na osobne konto szczęścia.

DOTRZYMYWANIE KROKU INNYM

Podczas wykładów często proszę słuchaczy, żeby sobie wyobrazili dwa światy.

W pierwszym zarabiasz pięćdziesiąt tysięcy funtów rocznie, podczas gdy wszyscy inni zarabiają dwadzieścia pięć tysięcy. W drugim świecie zarabiasz sto tysięcy funtów rocznie – dwa razy więcej niż poprzednio – ale wszyscy inni zarabiają po dwieście tysięcy. Ceny są w obu jednakowe, więc filiżanka kawy kosztuje tyle samo.

I co ty na to? W którym z tych dwóch światów chciałbyś żyć? Zwykle mniej więcej połowa słuchaczy wybiera pierwszy. Potwierdzają to wyniki badań akademickich, powtarzanych wielokrotnie od czasu, kiedy po raz pierwszy zadano to pytanie na Uniwersytecie Harvarda – w 1998 roku. Wielu z nas wybiera życie w pierwszym świecie dlatego, że myślimy nie tylko o własnych możliwościach, ale i o swojej pozycji w hierarchii społecznej.

Także z tego powodu staramy się naśladować wzory konsumpcji ludzi bogatszych od nas. Dodatkowo dostępność kredytów ułatwia naśladowanie stylu życia, na który nas nie stać. Właśnie to dążenie wraz z pragnieniem dorównania innym wymienia się jako jedną z przyczyn kryzysu finansowego w 2008 roku. Mówiąc wprost, wydajemy pieniądze, których nie mamy, na rzeczy, których nie potrzebujemy, żeby zrobić wrażenie na ludziach, których nie lubimy.

Dążenie do demonstrowania dostatku nie jest jednak niczym nowym. W 1899 roku amerykański socjolog Thorstein Veblen ukuł termin ostentacyjna konsumpcja. Opisał zjawisko nabywania luksusowych dóbr w celu zademonstrowania bogactwa pozwalającego osiągnąć odpowiedni status. Zauważył, że bardzo wielu ówczesnych nowobogackich wydało wielką część swoich fortun na pokazywanie, jacy są bogaci. Z tego właśnie powodu niektórzy ludzie są dzisiaj skłonni wydać piętnaście milionów dolarów na złotego iPhone'a inkrustowanego sześciuset białymi diamentami i z kolejnymi pięćdziesięcioma trzema tworzącymi logo Apple'a na odwrocie. To urządzenie, oprócz tego, że komunikuje, że masz naprawdę dużo pieniędzy, ma dokładnie te same funkcje co każdy inny iPhone, a Siri, twój inteligentny asystent osobisty, i tak nie będzie rozumiał, o co ci chodzi. Jeśli uznasz, że to szczyt ekstrawagancji, to mogę dodać, że Arystoteles Onassis miał na swoim luksusowym jachcie „Christina O" stołki barowe obite skórą z napletków wielorybów. Jeśli więc kiedykolwiek będziesz mieć wyrzuty sumienia z powodu tego, że spełniasz swoje zachcianki, przypomnij sobie, że jeden z najbogatszych ludzi świata wydał fortunę na napletki wielorybów, żeby obić nimi stołki barowe.

Z tego wszystkiego wynika jedno: jeśli wydajemy pieniądze na rzeczy niepotrzebne tylko po to, żeby zaimponować innym, nie zbliżamy się do szczęścia. Dajemy się jedynie wciągnąć w wyścig zbrojeń. Dlatego wszystkim nam byłoby lepiej, gdyby udało się powstrzymać ten pic.

Nie myśl, że jesteś ważniejszy od nas.

Nie sądź, że jesteś wyjątkowy.

Nie przekonuj samego siebie, że jesteś od nas lepszy.

Nie myśl, że komukolwiek na tobie zależy.

PRAWO JANTEGO

W Danii i innych krajach skandynawskich ostentacyjną konsumpcję trochę ogranicza Janteloven, prawo Jantego. Pochodzi ono z powieści duńsko-norweskiego pisarza Aksela Sandemose z 1933 roku. Można je streścić w jednym zdaniu: „Nie jesteś od nas lepszy". Promuje kulturę, w której ludzie o wyższym statusie są krytykowani za to, że są – lub pretendują do tego, żeby być – lepsi od innych. Po angielsku mówi się o *tall-poppy syndrome* – syndromie równania w dół.

Nie myśl, że wiesz więcej niż my.

Nie sądź, że jesteś od nas sprytniejszy.

Nie myśl, że jesteś w czymkolwiek dobry.

Nie myśl, że jesteś równie dobry jak my.

Nie masz prawa się z nas śmiać.

Nie myśl, że możesz nas czegoś nauczyć.

To ważny element skandynawskiej kultury i właśnie dlatego nie zobaczycie w Danii zbyt wielu krzykliwie luksusowych aut. Oczywiście również dlatego, że samochody są obłożone stu pięćdziesięcioprocentowym podatkiem.

O ile w Stanach można się ostentacyjnie chwalić sukcesem, o tyle w Skandynawii większą cnotą jest skromność. Jeśli kupisz sobie luksusowy samochód i wyposażysz go w tablicę rejestracyjną z napisem SUKCES – widziałem to na Łotwie, w Rydze – możesz być pewien, że włamią ci się do niego w ciągu jednego, może dwóch dni.

Prawo Jantego ma wiele negatywnych następstw, jestem jednak pewien, że naszej uwadze umyka jeden pozytywny aspekt: próbuje ono okiełznać ostentacyjną konsumpcję, co wcale nie jest takie złe. Oglądanie bogactwa innych może mieć negatywne skutki. W Korei Południowej mówi się, że kiedy jeden kuzyn kupuje ziemię, drugiego zaczyna boleć brzuch.

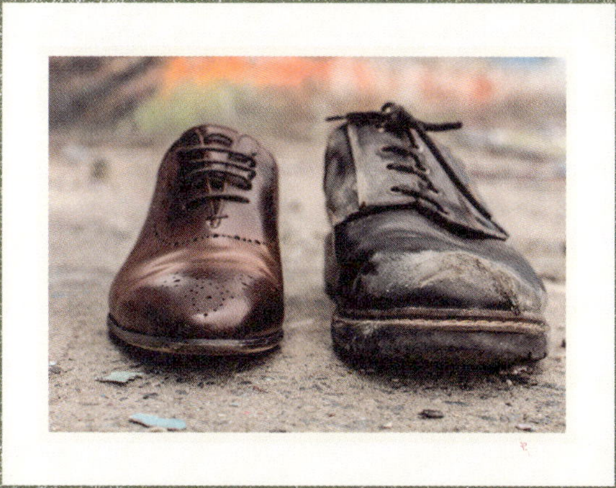

BOGATSZY, LECZ NIE SZCZĘŚLIWSZY

Korea Południowa to pod wieloma względami kliniczny przykład głównych wyzwań, przed którymi stają kraje rozwinięte. Za życia dwóch ostatnich pokoleń kraj ten przestał być jednym z najbiedniejszych i stał się jednym z najbogatszych na świecie.

Dziadkowie mogą pamiętać głód, a standard życia ich wnuków należy do najwyższych na świecie. Kraj utrzymuje czołowe pozycje, jeśli chodzi o przewidywaną długość życia, skuteczność opieki zdrowotnej, a także procent ludzi z wyższym wykształceniem. Wzrost gospodarczy osiągnięty przez mieszkańców Korei Południowej jest zdumiewający. Wracając do Kopenhagi po wizycie w Seulu, miałem wrażenie, jakbym się cofnął w czasie o dziesięć lat. Korea Południowa ma jednak pewien problem: musi owo nowo nabyte bogactwo zmienić w dobrostan. Kraj ten zajmuje bowiem pięćdziesiątą piątą pozycję w Światowym Raporcie Szczęścia z 2017 roku i – co niepokojące – bardzo wysoką jeśli chodzi o odsetek samobójstw w krajach OECD.

Z Korei Południowej przybywa do Instytutu Badań nad Szczęściem więcej odwiedzających niż z jakiegokolwiek innego kraju. Południowokoreańscy politycy, burmistrzowie miast, dziennikarze, studenci i profesorowie uniwersyteccy przyjeżdżają w poszukiwaniu sposobów na poprawę jakości życia w ich kraju. „Przez wiele lat wzorem do naśladowania były dla nas Stany Zjednoczone – powiedział mi jeden z nich. – Bardzo chcieliśmy, żeby nasz kraj właśnie tak wyglądał. Teraz jednak nie jesteśmy już tacy pewni, czy rzeczywiście chcemy iść tą drogą".

Stany Zjednoczone zaś to znakomity przykład tego, jaką porażką może się skończyć próba przekształcenia bogactwa w dobrostan. Bo chociaż w ciągu ostatniego półwiecza Stany osiągnęły duży postęp gospodarczy i dokonały potężnej akumulacji bogactwa, nie przełożyło się to na podniesienie poziomu szczęścia ludności. Jednym z powodów tego stanu rzeczy są nierówności społeczne. Jeśli kraj podwaja swoje bogactwo, ale 90 procent tego bogactwa trafia do 10 procent najbogatszych obywateli, to nie jest to wzrost. To chciwość. Nie, Gordonie Gekko, jeśli chodzi o szczęście, chciwość nie jest ani dobra, ani skuteczna. A twoje szelki wyglądają głupio.

JAK ODDZIELIĆ DOBROSTAN OD BOGACTWA

Jest wrzesień, ale w Kopenhadze wciąż jest ciepło – z perspektywy Wikingów oczywiście. Jest piątek, niebo jest czyste i błękitne, wychodzę z biura nieco wcześniej niż zwykle i pedałuję dziesięć minut do głównego kopenhaskiego portu, żeby się spotkać z Michaelem, przyjacielem z dzieciństwa, i popływać.

Około tysiąca przegrzanych tubylców pluska się w wodzie, która jeszcze nie tak dawno była korytarzem portowym dla wielkich statków. W 2001 roku otworzono w Kopenhadze pierwszy portowy basen pływacki. Miasto sporo zainwestowało w urządzenia zapewniające czystość wody. Obecnie w centrum miasta jest kilka takich oaz. Powstawały w czasie, kiedy mieszkałem w niewielkim domku mojego przyjaciela. Z pieniędzmi było krucho, ale na szczęście niektóre przyjemności są za darmo.

W Kopenhadze wszędzie mogę dojechać rowerem, nie wydawałem więc na paliwo ani tym bardziej na samochód. Niezależnie od moich zarobków woda w portowym basenie była czysta i odświeżająca i spokojnie mogłem w niej popływać. Pieniądze są oczywiście ważne. Na kolację w restauracji Noma mogą sobie pewnie pozwolić nieliczni, ale krajom skandynawskim udało się w pewnej mierze na poziomie jednostek oddzielić bogactwo od dobrostanu.

Sądzę, że w Danii dobre życie wcale nie musi kosztować majątku. Jeśli stracę pracę i oszczędności, to w dalszym ciągu w dużym stopniu będę mógł się cieszyć tym, czym cieszę się dzisiaj.

No dobrze, już słyszę wasz krzyk: łatwo ci mówić. Spróbuj jeździć rowerem po Londynie – zaraz cię zabiją. To całkiem prawdopodobne – przecież jeżdżą niewłaściwą stroną. W tym kontekście ciekawa jest historia Michelle McGagh, która przeżyła rok, nie wydając jednego zbędnego funta. Michelle jest dziennikarką i autorką książki *Rok bez wydatków. Jak wydałam mniej i żyłam bardziej.*

STUDIUM PRZYPADKU
MICHELLE

W 2015 roku Michelle McGagh doszła do wniosku, że musi się wyrwać z błędnego koła konsumeryzmu – zarabiała pieniądze, żeby kupować rzeczy, których tak naprawdę wcale nie potrzebowała. Czuła się ofiarą reklam obiecujących bilet do szczęścia.

Postawiła sobie za cel nie kupować niczego, co nie było jej absolutnie potrzebne, i to przez rok, przez całe trzysta sześćdziesiąt pięć dni. Miała tylko spłacać raty kredytu hipotecznego, opłacać rachunki za świadczenia takie jak telefon i Internet – była dziennikarką, więc musiała je mieć. Poza tym miała kupować jedynie podstawowe artykuły spożywcze, wydając na nie nie więcej niż 30 funtów tygodniowo.

– Nie było łatwo – stwierdziła na koniec. – Zwłaszcza że podjęłam to wyzwanie w ciemnym i zimnym listopadzie. – O tej porze roku zwykle spędzała dużo czasu w pubach i restauracjach, i nagle nie mogła tego robić. – Próbowałam robić to, co robiłam zwykle, ale nie było mnie na to stać, więc wpadłam w dołek, nie czułam się dobrze.

Z wiosną nadeszła odmiana. Spacery i przejażdżki rowerowe stały się przyjemniejsze, nie mówiąc już o pływaniu w jeziorach. Poznawała Londyn, wyszukiwała darmowe wystawy, teatry i muzea. Korzystała z takich stron jak Eventbrite, żeby znaleźć darmowe pokazy filmów, degustacje win czy przedstawienia teatralne.

„Chodziłam na wystawy sztuki zdecydowanie częściej niż kiedykolwiek wcześniej – szczególnie lubiłam pierwsze czwartki miesiąca, kiedy sto pięćdziesiąt galerii we wschodnim Londynie jest czynnych dłużej niż w pozostałe dni".

Nauczyło ją to śmiałości. „Musiałam się nauczyć nowych sposobów osiągania szczęścia. Doceniłam rzeczy, którymi wcześniej na pewno bym pogardziła. Poznałam swoje granice i stwierdziłam, że nie potrzebuję dużo pieniędzy, żeby być szczęśliwą". Nawet wakacje spędziła za darmo. Przejechała rowerem wzdłuż brytyjskiego wybrzeża, nocowała pod namiotem na plażach. „To było coś, czego nigdy wcześniej nie robiłam i pewnie bym nie zrobiła, gdyby nie cel, który sobie postawiłam. A teraz nie mogę się doczekać, kiedy znowu pojadę na taką wyprawę".

Starożytny grecki filozof, stoik Epiktet, powiedział, że bogactwo polega nie na tym, że się dużo ma, tylko na tym, że się mało chce. I nawet jeśli wyczyn Michelle wielu z was może się wydać zbyt ekstremalny, to wszyscy możemy się zastanowić, jak oddzielić szczęście od bogactwa. Kiedy odkryjemy, że podstawą szczęścia nie są pieniądze, odnajdziemy prawdziwy skarb.

> BOGACTWO POLEGA NIE NA TYM, ŻE SIĘ DUŻO MA, TYLKO NA TYM, ŻE SIĘ MAŁO CHCE

WSKAZÓWKA SZCZĘŚCIA:
ŁĄCZ RZECZY Z PRZEŻYCIAMI

Powstrzymujcie się od wielkich zakupów bez szczególnej okazji. Będą wtedy miały o wiele większą wartość niż cena na metce, ponieważ będą wam się kojarzyć z konkretnymi wydarzeniami.

Jeśli planujesz zakup czegoś dużego, staraj się to połączyć z jakimś miłym wydarzeniem. Ja na przykład oszczędzałem na nowe krzesło, ale postanowiłem poczekać z zakupem do ukazania się mojej pierwszej książki. Albo szukaj czegoś, co ci pozwoli miło spędzić czas, ale w przyszłości. Zastanów się, jak ewentualny zakup wpłynie na to, jak będziesz się zachowywać w dalszej perspektywie.

Kilka lat temu Instytut Badań nad Szczęściem i jedno z duńskich miast pracowali razem nad projektem, dzięki któremu miało się poprawić samopoczucie dzieci w szkołach państwowych. Jedną z naszych rekomendacji była inwestycja w drzewa owocowe: miasto miało zafundować każdemu uczniowi na przykład jabłoń. W miejskich szkołach uczyło się siedem tysięcy czterysta trzydziestu dziewięciu uczniów – drzew miało być dokładnie tyle samo. Każde dziecko, kończąc szkołę, przekazywałoby swoje drzewko uczniowi, który właśnie ją zaczynał.

W ten sposób dzieci dowiadywałyby się, skąd się bierze jedzenie. Czerpałyby przyjemność z obserwowania przyrody, a kiedy jabłka by dojrzały, urządzałyby wspólne zbiory. Odpowiedzialność związana z opieką nad drzewkiem na pewno napawałaby je dumą. Uważałem, że to świetny pomysł. Ale rada miejska była innego zdania. Moja propozycja jest jednak nadal aktualna: jakieś miasto, w jakimkolwiek mieście czy kraju, ciągle może być pierwszym, które podaruje każdemu uczniowi jabłoń.

I zapewni mu przynajmniej jedno szczęśliwe wspomnienie związane ze zrywaniem jabłek.

TRZY NIEDROGIE SPOSOBY NA SZCZĘŚCIE

---

1. LEKTURA

Czytanie – szczególnie jeśli korzystamy z biblioteki publicznej albo minibiblioteki, którą sami założyliśmy na swojej klatce schodowej – jest za darmo. Dla mnie doskonałe popołudnie to książka i koc w cieniu drzewa latem – a skoro to czytacie, to zapewne zgadzacie się ze mną. Biblioterapia, sztuka wykorzystywania książek przy rozwiązywaniu problemów, przed którymi stajemy, towarzyszy nam od dekad, a wiara w uzdrawiającą moc książek zrodziła się w starożytnym Egipcie i Grecji, gdzie biblioteki uważano za miejsca uzdrawiające duszę, o czym informowały czytelników odpowiednie inskrypcje. W bliższych nam czasach psychologowie z New School for Social Research odkryli, że czytanie beletrystyki pozwala ćwiczyć uważność i uczy odczytywania emocji innych ludzi. Autorzy artykułu opublikowanego w „Journal of Applied Social Psychology" stwierdzają, że beletrystyka uczy także refleksji nad własnymi problemami, właśnie dzięki temu, że czytamy o ludziach, których nurtują podobne problemy. Tak więc lektura to darmowa terapia.

2. ZAŁÓŻ PLIK UŚMIECHÓW

Magazyn „Fortune" uznał firmę Ruby Receptionist za najlepszego w Stanach pracodawcę w kategorii małych przedsiębiorstw. Każdy nowy pracownik dostaje „plik uśmiechów". Ma w nim zapisywać wszystkie miłe komentarze, które usłyszał od współpracowników, klientów czy szefów. Dlaczego? Bo ludzie znacznie lepiej pamiętają krytykę niż pochwały. To proste i tanie rozwiązanie, do zastosowania także w osobistym życiu. Pozwoli nam uświadomić sobie, że powinniśmy się skupiać na tym, co naprawdę m a m y, zamiast na tym, czego n i e m a m y. Spisz raz w tygodniu trzy do pięciu rzeczy, za które jesteś wdzięczny. Wszystko od: „moja rodzina i przyjaciele są zdrowi" po: „kawa i Rolling Stones". Spróbuj dodać, w jaki sposób te rzeczy wpływają pozytywnie na twoje życie. Badania pokazują, że przekładanie myśli na język pisany jest korzystniejsze niż jedynie myślenie o nich. W ten sposób lepiej je sobie uświadamiamy. W znacznie większym stopniu wpływają też wtedy na nasze emocje. W ostatnich latach takie „dzienniki wdzięczności" zyskują na popularności, ważne jednak, żeby nie traktować ich jako jeszcze jednego punktu na liście rzeczy do zrobienia. Z badań wynika, że najlepiej robić to od czasu do czasu – powiedzmy raz w tygodniu. Unika się wtedy popadnięcia w rutynę.

3. ZAŁÓŻ TOWARZYSTWO DARMOWEJ ROZRYWKI

Życie towarzyskie wielu z nas – podobnie jak życie Michelle, zanim postanowiła przeżyć rok bez zbędnych wydatków – polega na bywaniu w barach i restauracjach. Jeśli z pieniędzmi jest krucho, ryzykujemy, że stracimy kontakt ze znajomymi. Żeby do tego nie dopuścić, możesz powołać towarzystwo darmowej rozrywki. Niech każdy z twoich przyjaciół zaplanuje niedrogie przedsięwzięcie, przy którym będziecie mogli wspólnie spędzić czas.

My oglądaliśmy wyścigi konne – zabieraliśmy składkowy koszyk piknikowy. Odwiedzaliśmy muzea, pływaliśmy, graliśmy w gry planszowe i wędrowaliśmy po Dyrehaven, dawnych królewskich terenach łowieckich na północ od Kopenhagi. Nadal można tam spotkać stada jeleni. Możliwe, że akurat to by wam nie odpowiadało. Jeśli nienawidzicie jeleni i drzew, spróbujcie znaleźć własny sposób na wspólne spędzanie wolnego czasu, ale taki, żeby to nie pieniądze były najważniejsze, a poczucie szczęścia.

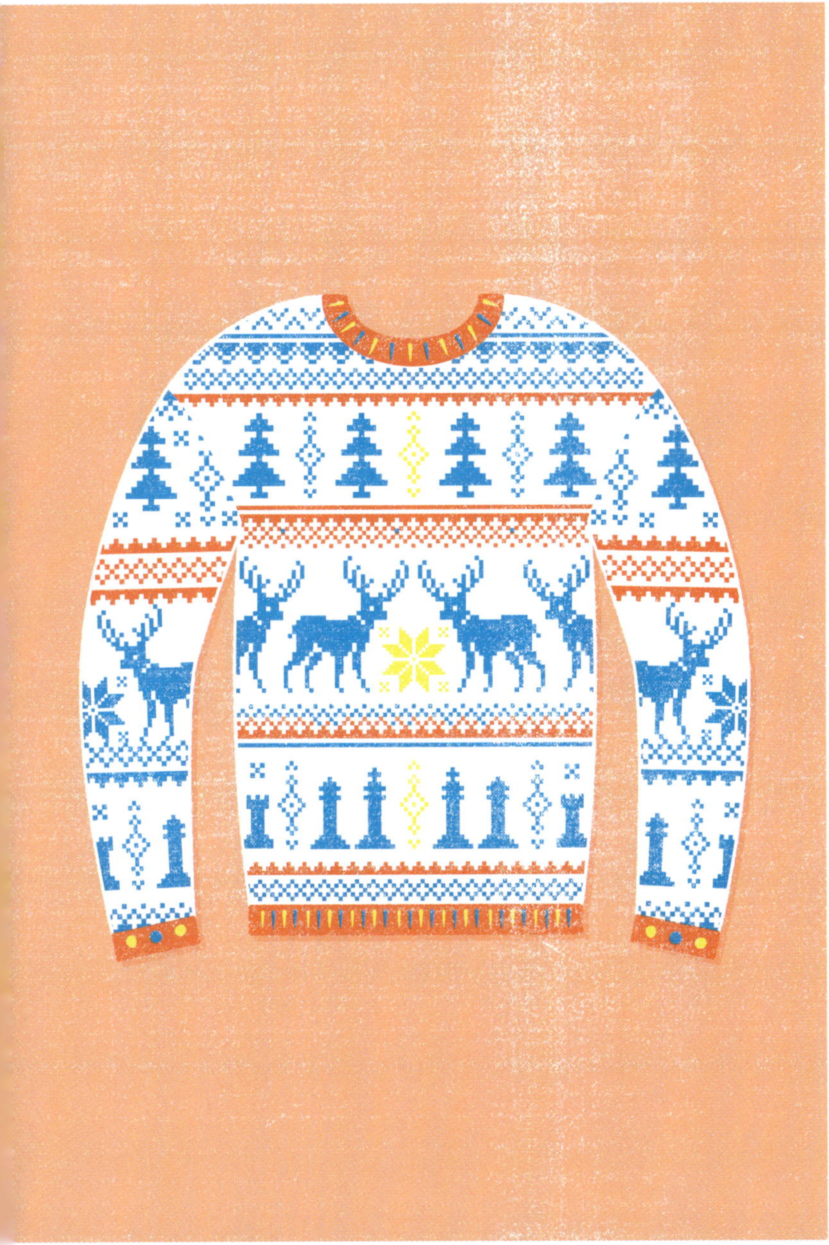

SZCZĘŚCIE – GDZIE ZNAJDZIECIE GO NAJWIĘCEJ

Jako grupa kraje bogatsze są średnio bardziej szczęśliwe, jeśli jednak przyjrzeć im się bliżej, okazuje się, że zależność nie jest taka prosta.

Katar, najbogatszy kraj na świecie, w Światowym Raporcie Szczęścia z 2017 roku zajmuje pozycję trzydziestą piątą, podczas gdy jeden z biedniejszych krajów, Kostaryka, dwudziestą. Najwyraźniej niektóre kraje radzą sobie z zamienianiem bogactwa w dobrostan swoich obywateli lepiej niż inne. Stany Zjednoczone są osiemnastym z najbogatszych krajów świata, z PKB na głowę wyższym niż Dania, Finlandia, Szwecja i Islandia, ale poziom szczęścia jest w USA niższy niż w każdym z tych krajów.

Dowodzi to dwóch rzeczy. Po pierwsze pieniądze są wprawdzie ważne, ale nie tylko one. Po drugie nie chodzi tylko o to, ile zarabiamy, ważne jest też to, co robimy ze swoimi pieniędzmi. W XXI wieku największy sukces odniosą te kraje, które najefektywniej obrócą bogactwo w dobrostan – ta zasada dotyczy również jednostek. Co więc możemy zrobić, żeby za to, co mamy, dostać jak najwięcej szczęścia?

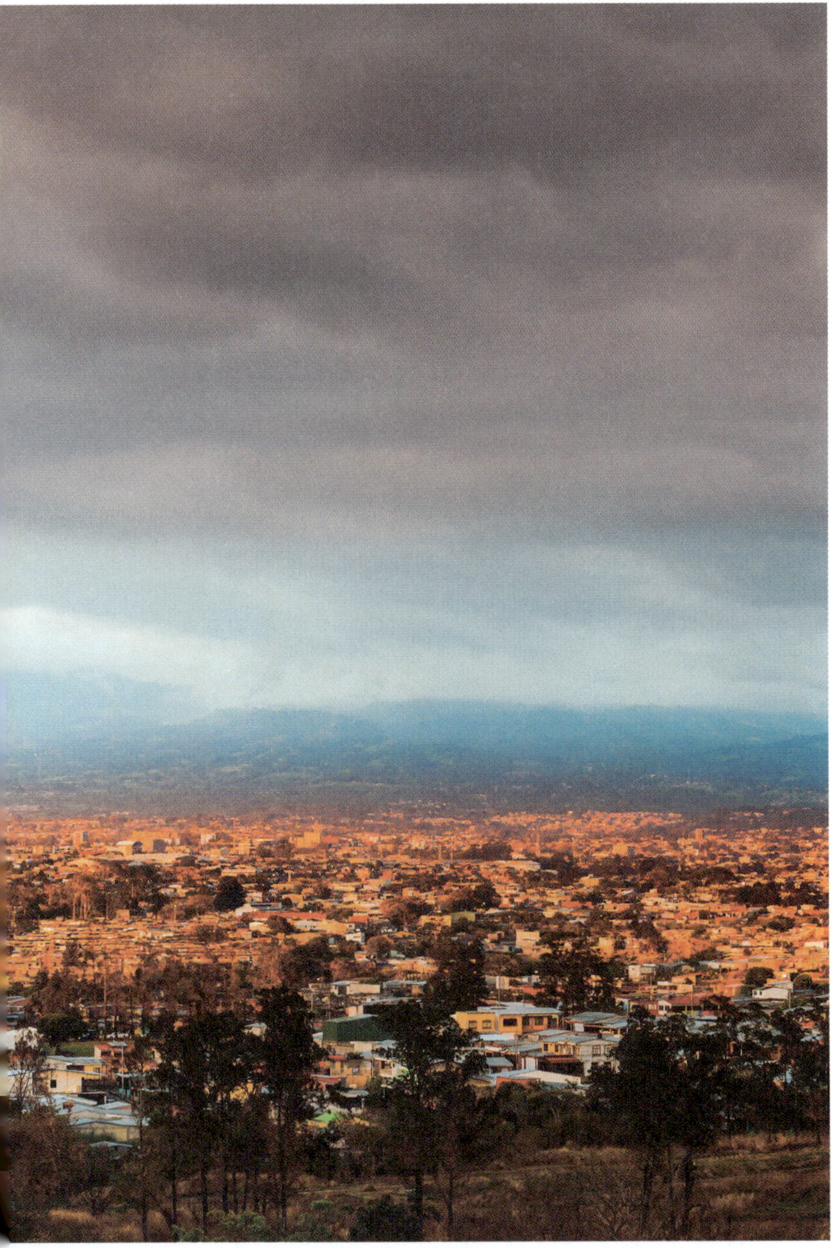

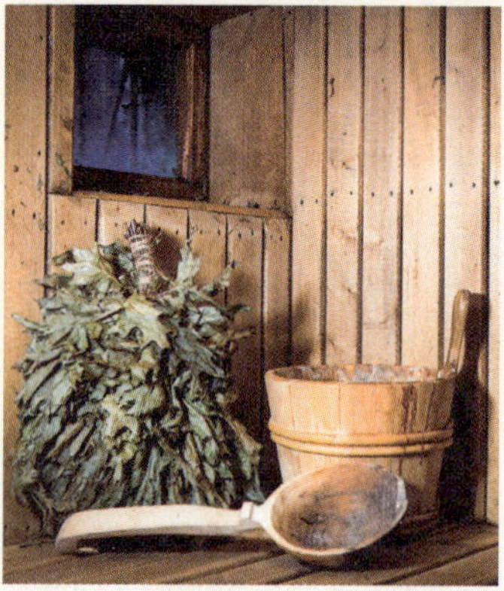

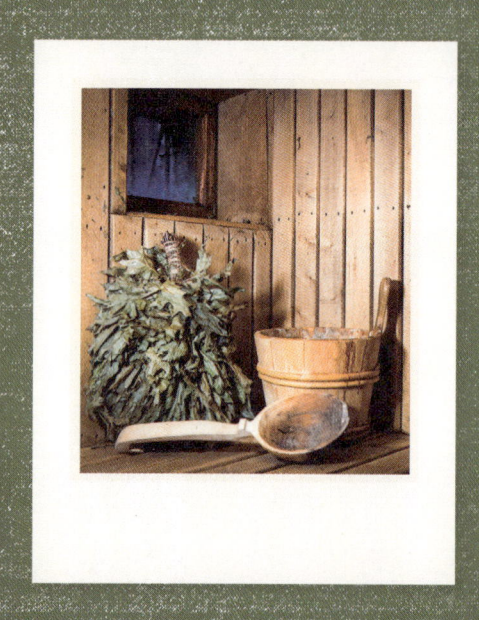

KUPUJ WSPOMNIENIA, NIE RZECZY

Zasłużyłeś wreszcie na swoje nazwisko. Jesteś teraz prawdziwym Wikingiem.

Te słowa usłyszałem od Jussiego, mojego fińskiego wydawcy. Był początek stycznia i właśnie wychodziłem z lodowatej wody. To była moja pierwsza próba zimowego pływania. Wcześniej tego dnia wpisałem w Google'a: „Czy można umrzeć od pływania w lodowatej wodzie?". To tyle, jeśli chodzi o bycie odważnym Wikingiem.

Zanim wskoczyliśmy do ciemnej, zimnej wody, spędziliśmy godzinę w pięknej drewnianej publicznej saunie w pobliżu helsińskiego portu. Jussi odebrał mnie z lotniska i niemal od razu zaczęliśmy rozmawiać o wyjątkowej fińskiej kulturze sauny.

– Fińskie sauny są lepsze niż szwedzkie.

– Jak to lepsze? – zapytałem, nie wiedząc, jak można ocenić jakość sauny.

– Są cieplejsze.

Cieplejsze to mało powiedziane. Za każdym razem kiedy nabierałem powietrza, miałem wrażenie, że wdycham chilli. Odkryłem, że jama ustna też może się pocić. Nie jest to moja ulubiona supermoc, ale okazała się niezwykle przydatna.

Co dwadzieścia minut jeden z Finów obsługujących saunę wchodził i zadawał jakieś pytanie, a Finowie i Finki odpowiadali *kyllä*, co po fińsku znaczy „tak". W ten sposób można było rozpoznać każdego nie-Fina. Wcale nie po tym, że nie mówił *kyllä* – przede wszystkim po śmiertelnej panice malującej się na jego twarzy: „O mój Boże, czy on pyta, czy chcemy, żeby było jeszcze cieplej?". Facet z obsługi po raz kolejny wylewał wodę na rozgrzane kamienie, sprawiając, że jeszcze więcej gorącej pary wypełniało saunę i nasze płuca.

Straszny upał w ciemnym pomieszczeniu zmuszał do skupieniu się na oddychaniu, co było wspaniałym medytacyjnym doświadczeniem. Pierwszą rzeczą, za którą zacząłem się rozglądać po powrocie do Kopenhagi, były właśnie sauny. Co więcej, tego dnia w Helsinkach intensywne uczucie gorąca zmieniło mój strach przed czekającą mnie kąpielą w lodowatej wodzie w przyjemne oczekiwanie. Owszem, było zimno, ale bynajmniej nie doświadczyłem bliskości śmierci, jak to sobie wcześniej wyobrażałem. Poczucie, że przeżyłem, i fala ciepła, która mnie zalała, kiedy w ten ciemny styczniowy wieczór w Helsinkach stałem półnagi wśród lodu, sprawiły, że poczułem czystą radość. Wszystko to trwało zaledwie parę godzin, ale wspomnienie tego będzie mi towarzyszyć już zawsze.

WSKAZÓWKA SZCZĘŚCIA:
KUPUJ DOZNANIA

Kupuj doznania i wspomnienia, nie rzeczy

Według badaczy Dunna i Nortona jeśli chcemy „kupować" szczęście, powinniśmy raczej inwestować w doznania niż rzeczy, ponieważ badanie po badaniu pokazuje, że jesteśmy w lepszym nastroju, jeśli myślimy o zakupie czegoś, co zapewni nam przyjemne doznania. Wtedy najczęściej mówimy o „dobrze wydanych pieniądzach". Jeśli prosi się badanych, żeby porównali zakupy, które robią po to, żeby się poczuć szczęśliwsi – kiedy kupują coś materialnego, na przykład iPhone'a, niekoniecznie nawet pozłacanego – i po to, żeby zapewnić sobie w przyszłości miłe doznania – na przykład płacąc za podróż – i spyta, który z zakupów przyniósł im więcej szczęścia, 57 procent wskaże na doznanie, a jedynie 34 procent – na przedmiot.

Kupowanie doznań uszczęśliwia szczególnie wtedy, kiedy łączy nas z ludźmi i zgadza się z naszym wyobrażeniem o sobie samych. Na przykład: postrzegam siebie jako badacza szczęścia, mogę więc czerpać więcej przyjemności niż ktoś inny z podróży do Bhutanu – kraju, w którym od lat siedemdziesiątych zeszłego wieku prowadzi się zinstytucjonalizowaną politykę opartą na szczęściu narodowym brutto. Traktujcie więc doznania jako inwestycję w dobre wspomnienia, we własną historię i rozwój osobisty.

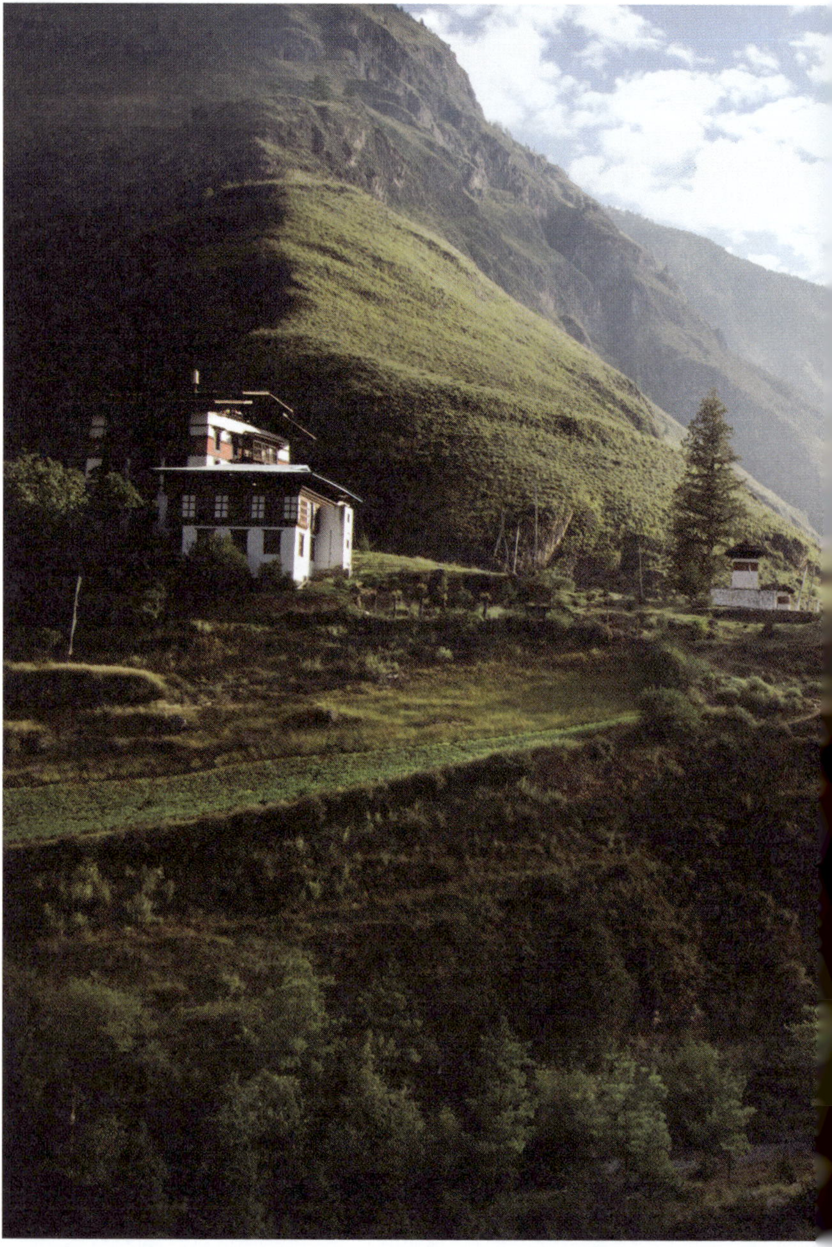

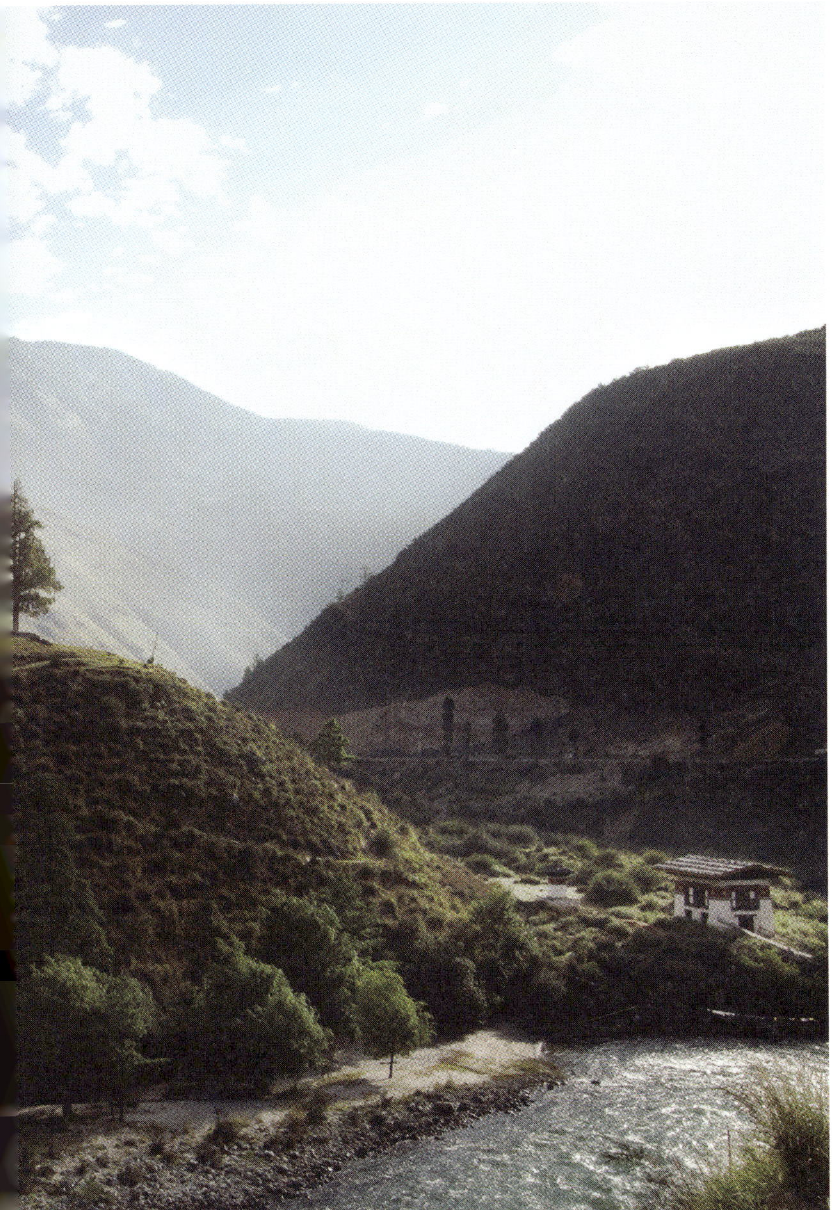

WSKAZÓWKA SZCZĘŚCIA:
KUPUJ DOZNANIA ZNACZĄCE, BĘDĄCE CZĘŚCIĄ CZEGOŚ WAŻNIEJSZEGO

Próbuj kupować doznania, które mogą stać się dla ciebie częścią ważniejszej podróży. Czymś, co cię zbliży do twojej życiowej pasji. Dlaczego na przykład nie miałbyś zostać światowym ekspertem od koloru niebieskiego?

Będziesz musiał sięgnąć do historii (dlaczego krew królewską nazywamy błękitną?), do nauk przyrodniczych (dlaczego niebo jest niebieskie?), do antropologii (jakie konotacje kulturowe ma kolor niebieski?), do języka (dlaczego słowa *blue* (angielski), *blau* (niemiecki) i *bleu* (francuski) są podobne i tak różne od *azul* (hiszpański), *niebieski* (polski) czy fińskiego *sininen*?), do anatomii (jak wiele odcieni niebieskiego rozróżnia ludzkie oko?) i fotografii (co magicznego jest w *blue hour* – godzinie świtu lub zmierzchu?).

Jeśli zamierzasz zostać ekspertem od koloru niebieskiego, zacznij w myślach planować podróż do Szafszawan, całkowicie niebieskiego miasta w górach Rif w północnym Maroku, do Etiopii nad Nil Błękitny, do Australii w Góry Błękitne, gdzie substancja organiczna z bujnie krzewiących się drzew eukaliptusowych tworzy błękitną mgiełkę, od której góry wzięły nazwę. Wtedy wszystko, czego doświadczysz, będzie jeszcze bardzie wartościowe, bo będzie częścią twojej życiowej pasji.

W ten sposób zyskasz też tożsamość wykraczającą poza twój zawód. Więc jak? Zainteresujesz się kolorem niebieskim?

| Farba olejna — **BŁĘKIT MANGANOWY** | Farba olejna — **BŁĘKIT KOBALTOWY** | Farba olejna — **CERULEUM** | Farba olejna — **BŁĘKIT PRUSKI** |

| Farba olejna — **BŁĘKIT LOTNICZY** | Farba olejna — **BŁĘKIT KRÓLEWSKI** | Farba olejna — **BŁĘKIT CHABROWY** | Farba olejna — **BŁĘKIT EGIPSKI** |

ILE PIENIĘDZY MOŻNA KUPIĆ ZA SZCZĘŚCIE

I wreszcie jeśli chodzi o pieniądze i szczęście, pieniądze mogą ograniczyć biedę i tym samym przyczynić się do wyższego poziomu zadowolenia z życia, ale możliwa jest też odwrotna zależność – szczęście może prowadzić do osiągania wyższego dochodu.

Odkryli to dr Jan-Emmanuel De Neve i profesor Andrew Oswald. Jan-Emmanuel jest profesorem ekonomii i strategii w Said Business School i na Uniwersytecie Oksfordzkim, a co ważniejsze – bardzo miłym człowiekiem. Poznaliśmy się w Zjednoczonych Emiratach Arabskich na konferencji poświęconej szczęściu.

– Patrzyliśmy na grafy w niewłaściwy sposób – powiedział mi. – Prezentowaliśmy dane tak, jakby szczęście było funkcją dochodu. A co jeśli źle to rozumieliśmy? Jeśli zależność jest odwrotna?

– Trzeba by śledzić losy tysięcy ludzi przez całe dekady, żeby tego dowieść.

– Dowiedliśmy tego. Korzystaliśmy z Add Health Data.

To wielki zbiór danych reprezentatywnej próby mieszkańców USA, zbieranych bardzo długo i dotyczących podejścia do życia, zadowolenia z niego i osiąganych dochodów.

– To, jak szczęśliwi czują się młodzi ludzie, pozwala przewiedzieć ich dochody w późniejszym życiu.

– Może jednak jest tak, że rodzice mający za sobą więcej lat nauki i wyższy dochód mają szczęśliwsze dzieci, a jednocześnie to właśnie oni zapewniają dzieciom wykształcenie uniwersyteckie i w rezultacie wyższe dochody w dalszym życiu? – spytałem z pewną dumą, zadowolony, że nie jestem najgłupszym facetem przy stole.

– Na to też mamy odpowiedź – powiedział Jan. Uśmiechnął się i pochylił nad stołem, jakby za chwilę miał wyjawić kody do odpalenia pocisków nuklearnych. – Mamy w próbie tysiące rodzeństw, możemy więc wyłączyć wpływ rodziców. Szczęśliwszy brat zarobi w późniejszym życiu więcej.

A zależność jest naprawdę wyraźna. Z badań wynika, że wzrost poziomu szczęścia o jeden punkt w pięciopunktowej skali w wieku dwudziestu dwóch lat oznacza dochód wyższy o 2000 dolarów siedem lat później. Ludzie pozytywnie nastawieni do życia mają większe szanse na ukończenie studiów, znalezienie pracy i awans. Co więcej wyniki badań są statystycznie istotne, a badacze biorą pod uwagę takie czynniki, jak wykształcenie, iloraz inteligencji, zdrowie fizyczne, wzrost, samoocena i późniejsze szczęście.

Wnioski z badań wyraźnie wskazują na znaczenie subiektywnego poczucia dobrostanu naszych dzieci. Zrozumiałem też, dlaczego Jan zaczął mówić ciszej, kiedy relacjonował wyniki. Ta wiedza mogłaby być groźna, gdyby się dostała w ręce dzieci. „Nie muszę odrabiać lekcji, tato. Daj mi po prostu coś słodkiego. W przeciwnym razie moje przyszłe zarobki mogą być zagrożone". Dlatego proponuję, żebyśmy zachowali dla siebie wyniki badań „Szacowanie wpływu zadowolenia z życia i pozytywnych uczuć na późniejsze dochody z użyciem metody ustalonego efektu rodzeństwa".

PIENIĄDZE

Inwestowanie w dobro wspólne

Kraje nordyckie: Duże społeczne poparcie dla wysokich podatków oznacza duży zwrot w jakości życia. Więcej na str. 42

Eksperyment „wydawaj mniej, żyj intensywniej"

Wielka Brytania: W ramach eksperymentu Michelle McGagh przez rok kupowała tylko rzeczy naprawdę konieczne, szukała sposobów na radość życia bez finansowego dostatku. Więcej na str. 102-104.

Przyrzeczenie daru

USA: Przyrzeczenie daru to inicjatywa filantropijna Warrena Buffetta i Billa i Melindy Gatesów. Jej inicjatorzy zachęcają najbogatszych ludzi świata do przeznaczania większości majątków na rozwiązanie największych problemów społecznych, od zmniejszania ubóstwa po opiekę medyczną i edukację. Przyrzeczenie podpisało ponad stu pięćdziesięciu miliarderów z ponad piętnastu krajów.

Program dla najbiedniejszych z biednych

Pabna, Bangladesz: Organizacja rozwojowa BRAC pomaga ludziom wychodzić z ubóstwa, łącząc ich ze sobą i łącząc ich zasoby, żeby mogli wspólnie stworzyć własny biznes i zacząć rozwiązywać problemy lokalnej społeczności.

Restauracja Robin Hooda

Madryt, Hiszpania: Lokal założony przez organizację dobroczynną Mensajeros de la Paz za dnia jest typową restauracją. Wieczorem zmienia się w miejsce, w którym bezdomni mogą za darmo zjeść kolację przy nakrytych stołach z kwiatami i odpowiednią zastawą. Darmowe wieczorne posiłki finansowane są z pieniędzy zarobionych na śniadaniach i lunchach.

Reaching Out Vietnam

Hoi An, Wietnam: Reaching Out Vietnam umożliwia niepełnosprawnym nabycie kwalifikacji i zdobycie dobrej pracy, żeby byli w stanie w pełni zintegrować się ze swoją społecznością i prowadzić samodzielne i satysfakcjonujące życie. Sklepy z pamiątkami fair trade sprzedają wykonane przez nich rzeczy, a dochód wraca do organizacji, która dzięki temu może wspomagać kolejnych niepełnosprawnych, organizując szkolenia i szukając im pracy.

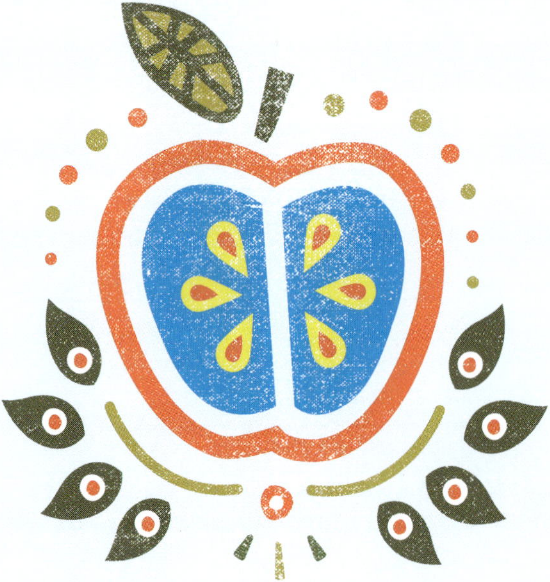

ROZDZIAŁ PIĄTY

ZDROWIE

ZDROWIE

―――

We wszystkich kulturach rodzice pragną dla swoich dzieci jednego: żeby były zdrowe. Dobre zdrowie to warunek, żeby mogły się bawić, szukać przygód i doświadczać szczęścia.

Instytut Badań nad Szczęściem razem z Leo Innovation Lab zbadał, jak łuszczyca – chroniczna i nawracająca choroba skóry – wpływa na poziom szczęścia. Do chwili obecnej w ramach projektu PsoHappy zebraliśmy dane pięćdziesięciu tysięcy osób z ponad czterdziestu krajów świata. Okazuje się, że wszędzie ludzie cierpiący na łuszczycę doświadczają mniej radości z życia niż reszta populacji.

Badając szczęście, widzę wyraźnie, że chcąc podnieść jego poziom, należy w pierwszej kolejności zadbać o opiekę medyczną. W krajach nordyckich, uchodzących za jedne z najszczęśliwszych na świecie, darmowa opieka medyczna jest dostępna dla każdego. Dzięki temu ludzie mają mniej zmartwień w codziennym życiu, co stanowi solidną podstawę zadowolenia.

Senator Bernie Sanders ujął to tak:

„W Danii wolność rozumie się całkiem inaczej. Obywatele tego kraju przeszli długą drogę, rozwiązując problemy związane z ekonomiczną niepewnością. Zamiast promować system, który pozwala niewielu cieszyć się ogromnym bogactwem, rozwinęli taki, który wszystkim – łącznie z dziećmi, osobami starszymi i ludźmi z niepełnosprawnościami – gwarantuje solidne podstawowe zabezpieczenie".

Innymi słowy akcja serialu *Breaking Bad*, którego główny bohater, chory na raka nauczyciel chemii, staje się królem narkotyków, co pozwala mu opłacić rachunki za leczenie, nie mogłaby się rozgrywać w krajach nordyckich.

– Oto twój plan leczenia, Walterze. Widzimy się piątego.

Co więcej, istnieje odwrotna zależność między zdrowiem
a szczęściem: zadowolenie z życia wpływa na stan zdrowia. Wyższy
poziom szczęścia zapowiada lepsze zdrowie. Światowy Raport
Szczęścia z 2012 roku stwierdza:

> *Literatura medyczna wskazuje na wyraźne korelacje między złym samopoczuciem a zachorowalnością na schorzenia serca, udary i przewidywaną dalszą długością życia. Ludzie szczęśliwsi rzadziej zapadają na choroby neuroendokrynne, mają lepsze wskaźniki sercowo-naczyniowe i mniej są narażeni na ryzyko wystąpienia stanów zapalnych. Rzadziej chorują i przeziębiają się, a jeśli już, to szybciej wracają do zdrowia.*

Potwierdzają to badania prowadzone przez profesora psychologii
Andrew Steptoe'a, kierownika wydziału nauk behawioralnych
i zdrowia Instytutu Epidemiologii i Opieki Zdrowotnej w University
College London (UCL), i profesor psychologii klinicznej Jane
Wardle z tej samej uczelni. Przez pięć lat badali oni zaburzenia
nastroju u ponad czterech tysięcy Brytyjczyków w wieku między
52 a 79 lat, podzielonych na trzy grupy. Pytali o ich stan
emocjonalny i samopoczucie. Okazało się, że w grupie osób
najszczęśliwszych – była to jedna trzecia badanych – wskaźnik
śmiertelności był o 34 procent niższy – po uwzględnieniu danych
demograficznych i zdrowotnych wszystkich badanych.

Przewidywana długość życia w latach

Kraj	Lata
Japonia	83.7
Szwajcaria	83.4
Singapur	83.1
Australia	82.8
Hiszpania	82.8
Islandia	82.7
Włochy	82.7
Izrael	82.6
Szwecja	82.4
Francja	82.4
Norwegia	81.8
Wielka Brytania	81.2
Finlandia	81.1
Portugalia	81.1
Niemcy	81
Dania	80.6
Stany Zjednoczone	79.3
Polska	77.5
Brazylia	75
Federacja Rosyjska	70.5
Indie	68.5
Sierra Leone	50.1

Źródło: Światowa Organizacja Zdrowia

Bazując na tych wynikach, można by pomyśleć, że szczęśliwi Duńczycy żyją najdłużej na świecie. A tak nie jest. Pierwsze miejsce zajmują Japończycy. Dania uplasowała się na dwudziestym siódmym miejscu. Przeciętny Duńczyk żyje o rok dłużej niż Amerykanin i niecałe pół roku krócej niż Brytyjczyk. W porównaniu do innych narodów skandynawskich Duńczycy żyją najkrócej.

Duńczycy palą, piją, jedzą dużo mięsa i dużo cukru, co nie sprzyja zdrowiu i długiemu życiu. *Hygge* – podstawa duńskiej kultury i sposobu życia – zachęca do delektowania się cynamonowymi bułeczkami i gorącą czekoladą z bitą śmietaną bez poczucia winy. *Hygge* pomaga być szczęśliwym, ale niekoniecznie sprzyja zdrowiu.

W zeszłym roku *hygge* zyskało popularność na całym świecie, do tego stopnia, że spowodowało wzrost sprzedaży wypieków i wpłynęło na rynek przypraw. „Od czasu kiedy *hygge* zaczęło być modne, sprzedajemy o jedną trzecią więcej ciastek i słodkich bułek – powiedział Jonas Aurell z londyńskiej ScandiKitchen w wywiadzie dla „Financial Times". – A ceny cynamonu poszybowały w górę o 20 procent.

Skoro Duńczycy uzależnili się od słodkości jak Muppety od sezamków, rodzi się pytanie, dlaczego Dania zajmuje dalekie, bo aż sto siódme miejsce na świecie w pod względem otyłości, podczas gdy Brytyjczycy plasują się na czterdziestym trzecim miejscu, a Amerykanie są w samej czołówce – na osiemnastym.

Odpowiedź jest prosta: Duńczycy uprawiają sport. Nie każdy co prawda pokonuje wpław fiordy, jest kolarzem czy amatorem biegówek, ale jak podaje Eurostat, Europejski Urząd Statystyczny, 31 procent Duńczyków jest aktywnych fizycznie przez pięć godzin tygodniowo. Jak oni to robią, skoro skądinąd wiadomo, że nienawidzą siłowni?

WIKINGOWIE NA DWÓCH KÓŁKACH

Uważajcie, kiedy po raz pierwszy wyjdziecie na ulice Kopenhagi. Wejść na ścieżkę rowerową w Danii to jak rozłożyć się z piknikiem na trasie gonitwy byków w Pampelunie podczas słynnego święta San Fermin.

45 procent uczestników ruchu drogowego w Kopenhadze dojeżdża do pracy lub szkoły rowerem. Jeśli skupimy się wyłącznie na ludziach mieszkających i pracujących w mieście, wskaźnik skacze do 63 procent. I jeszcze jedno: większość z nich to bynajmniej nie atrakcyjni MAMILs – *middle-aged men in lycra*, czyli mężczyźni w średnim wieku w strojach z lycry. To ludzie, którzy jadą do pracy – nie startują w Tour de France. Na rowerze jeździ się w szpilkach, garniturach, a ostatnio w sylwestra jechałem nawet w smokingu.

INWAZJA DWÓCH KÓŁEK

To najnowszy trend. Po centrum Kopenhagi jeździ aktualnie więcej rowerów niż aut. Przynajmniej według danych Rowerowej Ambasady Danii. Tak, naprawdę istnieje taka instytucja.

9 na 10 Duńczyków ma rower

W Kopenhadze jest 5 razy więcej rowerów niż aut

63% duńskich parlamentarzystów codziennie dojeżdża do pracy na rowerze

58% dzieci mieszkających w Kopenhadze dojeżdża do szkoły na rowerach, średnia krajowa to 44% dla dzieci w wieku 10-16 lat

Kopenhaga ma 450 kilometrów ścieżek rowerowych

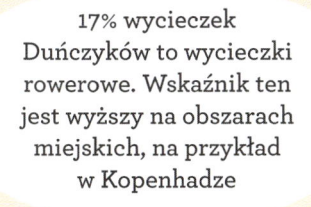

17% wycieczek Duńczyków to wycieczki rowerowe. Wskaźnik ten jest wyższy na obszarach miejskich, na przykład w Kopenhadze

17% rodzin z dziećmi ma rower przystosowany do przewożenia maluchów

Średnio każdy Duńczyk pokonuje rowerem 1,5 km dziennie

Co roku ginie w Kopenhadze 18 000 rowerów

75% procent rowerzystów jeździ na dwóch kółkach przez cały rok

Kopenhascy rowerzyści codziennie przejeżdżają 1 200 000 kilometrów

Statystyka statystyką, ale na co dzień widać to wyraźnie na ulicach – szczególnie rano, w godzinach szczytu na Nørrebrogade, najbardziej zatłoczonym kopenhaskim szlaku rowerowym. Przez osiem lat jeździłem tamtędy do pracy, a obok mnie: studenci, pracownicy biur, parlamentarzyści i dzieciaki.

Hordy Wikingów jeżdżących codziennie na rowerach zawdzięczamy świetnym warunkom i infrastrukturze. Miasto robi bardzo dużo, żeby ułatwić rowerzystom życie. Nawet kosze na śmieci stojące wzdłuż ścieżek rowerowych są pochylone, żeby wygodniej było wyrzucać puste kubki po kawie, nie zwalniając tempa. Przy skrzyżowaniach zainstalowano podnóżki, żeby nie trzeba było schodzić z roweru, czekając na światło, a kiedy spada śnieg, ścieżki są odśnieżane w pierwszej kolejności, przed ulicami.

Rowerzystów nie traktuje się jak ludzi drugiej kategorii, ale z pełnym szacunkiem, bo to królowie i królowe dróg.

WSKAZÓWKA SZCZĘŚCIA:
WSIADAJ NA ROWER

Jeszcze w tym tygodniu odkurz go i zacznij jeździć.

Na pewno masz jakieś miłe wspomnienia z dzieciństwa związane z rowerem. Pora wskrzesić miłość do roweru, a może zakochać się w nim po raz pierwszy? Jeśli nigdy wcześniej nie jeździłeś na rowerze, poszukaj kursu jazdy na rowerze albo poproś kogoś, żeby cię nauczył. Rower można pożyczyć, w niektórych miastach są też rowery miejskie. Zastanów się, którą z tras, które codziennie pokonujesz, możesz pokonać rowerem, albo udaj się na wycieczkę rowerową do parku, do lasu, dokądkolwiek.

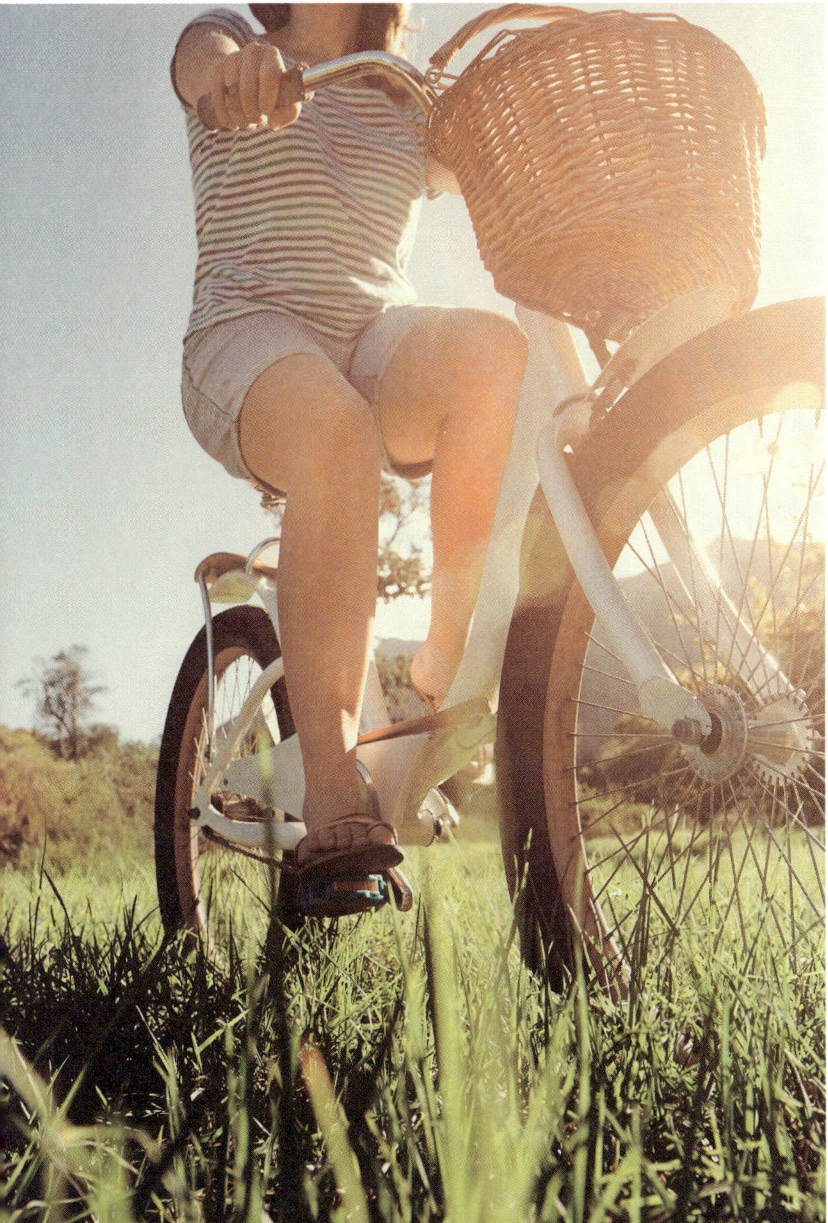

WYDŁUŻANIE KOŁA ŻYCIA

Indeks masy ciała (BMI) nie jest idealnym wskaźnikiem naszego zdrowia, bo zdrowie to znacznie więcej niż odpowiednia waga. Ale jeśli chodzi o jazdę na rowerze, to mamy dobre wiadomości.

W 2017 roku „British Medical Journal" opublikował wyniki badań przeprowadzonych na uniwersytecie w Glasgow. Pokazały one, że u osób dojeżdżających do pracy na rowerze ryzyko przedwczesnej śmierci jest o 41 procent niższe niż u tych, którzy wybierają inny sposób dojazdu. Ryzyko zachorowania na raka zmniejsza się o 45 procent, a ryzyko wystąpienia choroby serca o 46 procent. Pięcioletnie badania zostały przeprowadzone bardzo rzetelnie – wykorzystano dane 260 tysięcy osób uczestniczących w największych brytyjskich badaniach UK Biobank. Przypadki wystąpienia chorób nowotworowych i chorób serca zostały skorelowane ze sposobem poruszania się, w tym – z dojazdami do pracy. Wyniki te potwierdzają badania przeprowadzone w Danii, wyraźnie wskazujące na zdrowotne korzyści, jakie daje jazda na rowerze.

Jedno z badań obejmowało ponad pięćdziesiąt tysięcy Duńczyków w wieku od pięćdziesięciu do sześćdziesięciu pięciu lat. Trwało dwadzieścia lat. U osób, które zaczęły jeździć na rowerze w pierwszym roku badania, ryzyko zachorowania zmniejszało się o 26 procent w porównaniu z osobami niepodejmującymi aktywności fizycznej. Nigdy nie jest za późno, żeby wsiąść na rower, albo, inaczej mówiąc, zmienić nawyki. Inne badania dowodzą, że śmiertelność w grupie osób dojeżdżających na rowerze do pracy jest o 30 procent niższa niż w pozostałych grupach.

Dodatkowo jazda na rowerze zapobiega insulinooporności, osteoporozie i depresji. Brytyjskie Towarzystwo Medyczne stwierdziło, że wysiłek towarzyszący jeździe na rowerze wydłuża życie bardziej, niż mógłby je skrócić ewentualny wypadek drogowy. Oczywiście zdarzają się wypadki, ale w Kopenhadze raz na 44 miliony kilometrów: to znaczy, że do wypadku dochodzi po okrążeniu Ziemi sto dziesięć razy. Rower sprawia, że jesteśmy aktywniejsi i zdrowsi, co przekłada się na poczucie szczęścia – i w krótszej, i w dłuższej perspektywie.

Poza tym, że rower przedłuża nam życie o kilka lat i odejmuje kilka kilogramów, przyczynia się też do zmniejszenia miejskich korków i zanieczyszczenia – zarówno spalinami, jak i hałasem, co w efekcie zmniejsza koszty życia w mieście. Kopenhaski urząd miejski przeanalizował konsekwencje jeżdżenia rowerem i samochodem. Jeśli uwzględnimy łączne koszty wynikające z zanieczyszczenia powietrza, wypadków, korków, hałasu i wykorzystania infrastruktury w przypadku każdego z tych sposobów przemieszczania się, to okaże się, że rowery zaoszczędzają miastu 0,45 korony na każdym przejechanym kilometrze. Rocznie kopenhascy rowerzyści pokonują 400 milionów kilometrów. Wystarczy policzyć, o jakiej kwocie mówimy.

To nie przypadek, że większość miast ubiegających się o tytuł najbardziej przyjaznego mieszkańcom w rankingach Monocle czy Mercer sprzyja rowerom. Oprócz Kopenhagi należą do nich Berlin, Wiedeń i Sztokholm. Dwie trzecie mieszkańców Kopenhagi jest przekonanych, że rowery mają pozytywny, a nawet bardzo pozytywny wpływ na atmosferę miasta.

Dla większości Duńczyków nie ma to jednak większego znaczenia. Jeździmy na rowerach nie dlatego, że dbamy o zdrowie czy chcemy zmniejszyć zanieczyszczenie powietrza, wesprzeć gospodarkę i uczynić naszą planetę bezpieczniejszą. Chodzi po prostu o to, że w ten sposób łatwiej jest się przemieszczać.

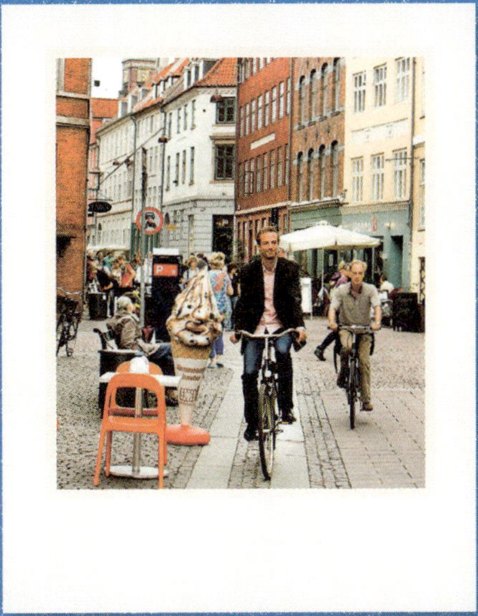

PRZEŚCIGNĄĆ DUŃCZYKÓW

Miasto osiąga sukces nie wtedy, kiedy staje się bogate, ale kiedy jego mieszkańcy są szczęśliwi. Dbałość o miejsce dla pieszych i rowerzystów to wyraz szacunku dla godności człowieka. Mówimy ludziom: jesteście ważni nie dlatego, że macie pieniądze, ale dlatego, że jesteście ludźmi. Kiedy traktujemy człowieka jak kogoś wyjątkowego, wręcz świętego, to zaczyna się tak zachowywać. Chodzenie jest dla nas równie naturalne jak dla ptaków latanie. Tworzenie przestrzeni publicznych to jedna z dróg prowadzących stworzenia nie tylko do równego, ale także szczęśliwego społeczeństwa.

Te słowa wygłosił Guillermo Peñalosa, którego spotkałem na konferencji w Kuala Lumpur. Kiedyś był komisarzem do spraw parków, sportu i rekreacji w Bogocie, w Kolumbii. Rozpoznałem w nich pasję i zaangażowanie, które przypomniały mi wypowiedź kogoś innego o takim samym nazwisku.

– Jesteś może spokrewniony z Enrique Peñalosą? – spytałem.

Guillermo rozłożył ręce i uśmiechnął się:

– To mój brat.

Enrique jest merem Bogoty. Obaj swoim zamiłowaniem do chodzenia, jeżdżenia na rowerach i tworzenia przestrzeni publicznych zawstydzają nawet mieszkańców Kopenhagi.

Największym przeciwnikiem szczęścia jest poczucie niższości i wykluczenia. Dobre miasto nie pozwala, żeby ktokolwiek tak się czuł. W dniu kiedy poznałem Gila, próbowałem odwiedzić ogród botaniczny. Niestety poddałem się, bo nie znalazłem chodnika, którym mógłbym tam dojść.

„Kraj rozwinięty to nie taki, w którym biednych stać na samochód, tylko taki, w którym bogaci korzystają z transportu publicznego, chodzą po chodnikach i jeżdżą rowerami. Powinniśmy dążyć do tego, żeby stworzyć miejsca, w których bogaci i biedni będę się spotykać jako równi sobie: w parkach, na chodnikach, w transporcie publicznym".

Guillermo uważa, że miejsca publiczne – piękne parki, ścieżki rowerowe, wygodne dla pieszych ulice – pozwalają się ludziom mieszać, nikogo nie wywyższając. Zwykle bowiem spotykamy się w ramach pewnej społecznej hierarchii. W pracy jest się szefem albo podwładnym. W restauracji albo jesteśmy obsługiwani, albo sami kogoś obsługujemy.

Jednym z pomysłów, które wprowadziła w życie Bogota, jest Ciclovía, program, w ramach którego w niedzielę miasto wyłącza z ruchu samochodowego ponad sto kilometrów ulic. Z tras dla samochodów ulice zmieniają się w pasaże dla pieszych, ścieżki rowerowe albo miejsca do zabawy. Korzysta z nich ponad milion osób. Pomysł ten wprowadzają w życie również inne miasta na całym świecie. To mały krok, który zapewnia nam wszystkim więcej ruchu.

WIĘCEJ CHODŹ

Oto dziesięć sposobów na to, żeby być aktywnym fizycznie bez konieczności odwiedzania siłowni i jednocześnie poznać mieszkańców okolicy.

1. Powiedz nie windom.

2. Zamiast dzwonić lub pisać e-maile do kolegi z biura, podejdź do niego.

3. Znajdź partnera do spacerów. Przyda ci się szczególnie w pochmurne dni, kiedy nikomu nie chce się wychodzić z domu.

4. Zadbaj o ładne widoki. Specjalne aplikacje, na przykład Kamino albo Field Trip, pomogą ci wybrać może nie najszybszą, ale na pewno najładniejszą trasę.

5. Przez jeden dzień w tygodniu niech cała twoja rodzina chodzi pieszo.

10. Dołącz do klubu spacerowiczów albo podróżników. Możliwe, że w twojej okolicy jest już taka grupa. Jeśli nie, zaproś sąsiadów i spytaj, czy nie chcieliby jej stworzyć.

9. Umawiaj się ze znajomymi na spacery zamiast na kawę. Ostatecznie kubek z kawą można wziąć ze sobą.

8. Chodź, zamiast czekać. Jeśli dotarłeś na spotkanie wcześniej, nie stój w miejscu, przejdź się po okolicy.

7. Jeśli wybierasz się na spacer sam, weź ze sobą podcast – radiową audycję, którą możesz odsłuchać w smartfonie. Moje ulubione to *Radio Lab* i *This American Life*.

6. Rzuć monetą i wybierz się gdzieś, gdzie jeszcze nie byłeś. Zwykle chadzamy utartymi ścieżkami. Następnym razem dochodząc do skrzyżowania, rzuć monetą. Niech cię poprowadzi los. Poznasz lepiej okolicę i dotrzesz do nowych miejsc.

WSKAZÓWKA SZCZĘŚCIA:
CODZIENNIE RUSZAJ SIĘ WIĘCEJ

Ruszaj się więcej, niech ci to wejdzie w krew: chodź po schodach, spotykaj się ze znajomymi na spacerach, parkuj jak najdalej od wejścia do sklepu.

Najlepiej byłoby, gdybyś zaczął jeździć rowerem: do pracy, do szkoły, wszędzie. Ale twoje miasto może nie być do tego przystosowane. Zawsze możesz się jednak udać do urzędu i sprawdzić, jak wyglądają plany dotyczące rozbudowy infrastruktury dla ludzi, nie dla samochodów. Są też krótkoterminowe rozwiązania.

Duńczycy ruszają się najwięcej w całej Unii Europejskiej, ale to dlatego, że wcale nie uważają tego za ćwiczenia fizyczne. Dla nich to transport. Przemieszczanie się po mieście staje się codziennym małym treningiem i stałą częścią planu dnia. Siłownia okazuje się zbędna.

Stoi to w sprzeczności z przekonaniem, że tworzymy nadmiernie wygodne społeczeństwa – siedzimy bez ruchu przy biurku, stoimy nieruchomo w windzie, drzwi otwierają się przed nami automatycznie, do siłowni podjeżdżamy samochodem, żeby godzinę pobiegać na bieżni. Mam wrażenie, że od Duńczyków można się nauczyć przede wszystkim tego, że najważniejsze to dbać o codzienne zdrowe nawyki.

Instytut Badań nad Szczęściem ma siedzibę nad jeziorem w centrum Kopenhagi. Nie ma tam ani wielkiego ruchu, ani hałasu, co pozwala mi wyjść nad jezioro zawsze kiedy dłużej rozmawiam przez telefon. Przyjęliśmy nawet, że niektóre służbowe spotkania będą miały formę *walk'n'talk*, chodź i mów. Zamiast rocznych podsumowań odbywamy comiesięczne rozmowy w trakcie spacerów.

Kiedy kupuję kawę w naszej kawiarni, składam zamówienie i idę na piąte piętro. Kiedy schodzę na dół, kawa jest już gotowa. Nie tracę czasu, a ponieważ wypijam cztery kawy dziennie, wychodzi na to, że tygodniowo pokonuję sto pięter. Podobnie rzecz się ma z siedzeniem: każde dwie godziny za biurkiem to dwadzieścia pięć pompek.

Czy jest mi wstyd, kiedy mnie na tym przyłapie ktoś ze współpracowników?

Jest!

Czy wierzę, że jest to warte tego zażenowania?

Tak.

POPRAWIACZE NASTROJU

Miłość Duńczyków do rowerów wynika po części z ich stosunku do życia w ogóle. Codzienna jazda na rowerze i spacery to doskonały trening. Badania dowodzą, że rower i spacer wprawiają nas w lepszy nastrój niż jazda samochodem.

Grupa naukowców z Uniwersytetu McGilla w Montrealu zbadała, który ze środków transportu najlepiej wpływa na nasz nastrój. Badanie trwało cały rok, objęło trzy tysiące czterysta osób. Badacze uwzględnili sześć typowych środków transportu: samochód, autobus, pociąg, metro, rower i nogi. Zsumowano oceny poszczególnych form podróżowania, tworząc ogólną miarę zadowolenia dla każdej z nich. Okazało się, że najbardziej zadowoleni są ci, którzy chodzą do pracy na piechotę, a najmniej ci, którzy dojeżdżają autobusem.

Można by powiedzieć, że to oczywiste. Jeśli idziesz do pracy na piechotę, nie tracisz trzech godzin dziennie na dojazdy. Na wybór środka transportu wpływa oczywiście również odległość. Dlatego szczególnie interesujące jest obserwowanie, jak zmieniają się preferencje badanych.

Na szczęście właśnie w ten sposób podeszli do sprawy naukowcy z uniwersytetów Wschodniej Anglii i Yorku. Przez osiemnaście lat analizowali zachowania osiemnastu tysięcy Brytyjczyków w ramach projektu, który zatytułowano: „Czy aktywność fizyczna w drodze do pracy poprawia samopoczucie? Długoterminowe badania panelowe" – zgodnie z akademicką zasadą: im dłuższy tytuł, tym lepiej. Okazało się, że ludzie, którzy przesiedli się z samochodu na rower albo zaczęli chodzić na piechotę, czuli się lepiej, nawet jeśli dotarcie do pracy zajmowało im więcej czasu.

Sam jeżdżę do pracy na rowerze. Po drodze mijam miejski park. Dzięki temu wiem, kiedy nadchodzi wiosna: wtedy, kiedy zaczynam czuć zapach kwitnących wiśni. Chodząc albo jeżdżąc rowerem, odbieramy otoczenie wszystkimi zmysłami: czujemy zapachy, słyszymy dźwięki, a to przekłada się na nasze samopoczucie. Po prostu czujemy, że żyjemy. Szczególnie jeśli praktykujemy to, co Japończycy nazywają *shinrin-yoku*.

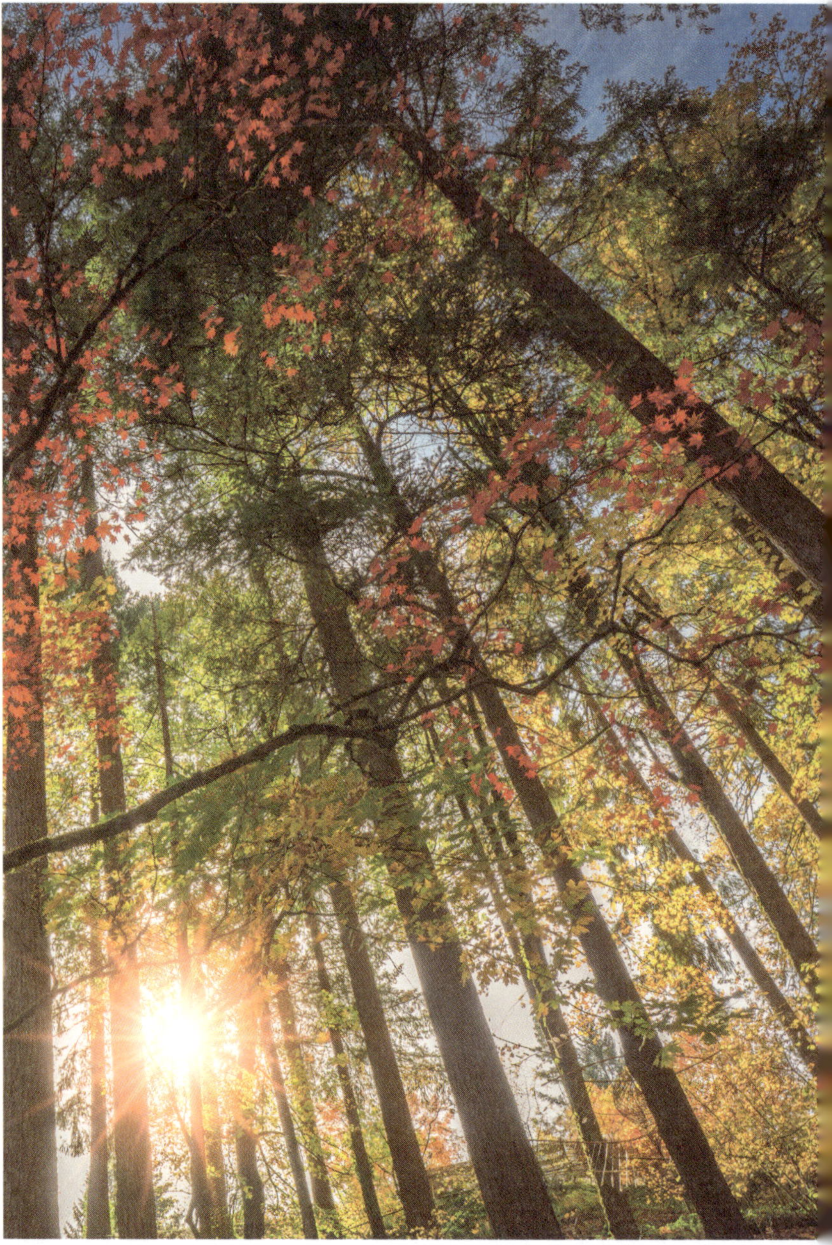

PROSTE JAK SPACER...
PO LESIE

Weź długi, głęboki wdech, napełnij płuca wilgotnym świeżym powietrzem. Liście mają kolory pierwszych dni wiosny, a promienie słońca oświetlają je, torując ci drogę przez las.

Jeśli się zatrzymasz i na chwilę zamkniesz oczy, usłyszysz własny oddech, odległe ćwierkanie ptaków i szum wiatru między drzewami. Ponad sto sześćdziesiąt lat temu Henry David Thoreau w książce *Walden, czyli życie w lesie* zalecał cierpiącym na brak satysfakcji z życia terapię dzikością. Współczesne *shinrin-yoku* zmierza w podobnym kierunku.

To japońskie określenie dosłownie oznacza „leśne kąpiele". Chodzi o to, żeby chłonąć las, piękne widoki, zapachy i dźwięki naturalnego otoczenia, bo wszystko to służy naszemu zdrowiu psychicznemu i fizycznemu. Termin *shinrin-yoku* powstał w 1982 roku. Dzisiaj miliony Japończyków spacerują wzdłuż czterdziestu ośmiu szlaków „leśnej terapii", dostarczając organizmowi dawkę „leśnych endorfin".

Zwolennicy *shinrin-yoku* twierdzą, że różni się ono od zwykłych wycieczek po lesie, ponieważ świadome odbieranie wszystkiego, co nas otacza, stymuluje zmysły i działa terapeutycznie.

Profesor Qing Li z Health Nippon Medical School w Tokio przebadał skutki uprawiania *shinrin-yoku* i stwierdził, że praktykowanie go obniża poziom kortyzolu we krwi i zwiększa odporność organizmu. Ale leśne kąpiele wpływają nie tylko na zdrowie fizyczne. Badacze z Uniwersytetu Essex zbadali wpływ ruszania się na świeżym powietrzu na nasz nastrój. Przeanalizowali brytyjskie badania, które objęły ponad tysiąc dwieście osób. Dowiodły one, że spacerowanie, żeglowanie i zajmowanie się ogrodem poprawia nastrój i samoocenę. Wniosek z tego taki, że przebywanie na świeżym powietrzu w naturalnym otoczeniu dobrze wpływa na nasze zdrowie.

Również w Wielkiej Brytanii powstał projekt, który pozwoli naukowcom wskazać najszczęśliwsze kraje świata. To tak zwany *mappiness* – słowo to powstało z połączenia słów *happiness* – szczęście, i *map* – mapa. To część projektu London School of Economics. Jego celem jest zrozumienie, w jaki sposób najbliższe otoczenie wpływa na to, czy czujemy się szczęśliwi. Bo nawet kiedy wszyscy się zgadzamy, że góry są piękne, to chcielibyśmy wiedzieć, jak bardzo.

Jakie mamy wymierne dowody na to, że miłe otoczenie sprawia, że czujemy się lepiej? Badacze realizujący ten projekt korzystają z danych z pierwszej ręki – zachęcam wszystkich, żeby sami zgłosili się do udziału. Badacz skontaktuje się z wami raz lub dwa razy w ciągu dnia, żeby zapytać, jak się w danym momencie czujecie. Zada też kilka pytań: z kim jesteście, gdzie przebywacie, co robicie. Jeśli będziecie na dworze, będziecie mogli wysłać zdjęcie. Zebrano już ponad trzy i pół miliona odpowiedzi. Przesłało je sześćdziesiąt pięć tysięcy uczestników.

Wnioski z badań są takie, że ludzie mieszkający w naturalnym otoczeniu, wśród zieleni, są znacznie szczęśliwsi niż mieszkańcy terenów zabudowanych. Badania te dostarczają nowych dowodów na związek między dobrym samopoczuciem a przebywaniem na łonie natury, dowodzą, że naturalne otoczenie pozytywnie wpływa nasze życie.

Podsumujmy: istnieją dowody na to, że przyroda pozytywnie wpływa na nasze zdrowie i szczęście. *Shinrin-yoku* może nam pomóc odciążyć umysł i ciało. Pod wieloma względami przypomina popularne praktyki uważności, mindfulness.

WSKAZÓWKA SZCZĘŚCIA:
KU DZIKIEJ NATURZE

Odwiedzaj wybrane miejsca systematycznie, raz na jakiś czas przez cały rok, i obserwuj, jak się zmieniają.

Znajdź w okolicy las i obserwuj, co się w nim dzieje. Nie spiesz się, nie szukaj czegoś, co będzie się dobrze prezentować na Instagramie. Wsłuchuj się w szum wiatru, obserwuj promienie słońca między listowiem, weź głęboki oddech i delektuj się zapachem lasu. Staraj się odwiedzać to samo miejsce kilka razy w roku, obserwuj, jak się zmienia w zależności od pory roku. Powitaj tam pierwszy dzień wiosny, lata, jesieni i zimy. Zrób to sam albo zaproś przyjaciół i wybierzcie się tam razem.

CZYSZCZENIE UMYSŁU W BHUTANIE

W niektórych szkołach w Bhutanie uczniowie i nauczyciele zaczynają i kończą zajęcia chwilą cichego „czyszczenia umysłu" – krótkim ćwiczeniem uważności.

Praktykowanie uważności (mindfulness) ma źródło w buddyzmie, według którego nieustanne dążenie do szczęścia prowadzi w istocie do cierpienia. Cierpimy, bo wiemy, że nic nie trwa wiecznie. Uważność sprawia, że zaczynamy dostrzegać teraźniejszość – to, co jest tu i teraz, i traktować samych siebie z czułością i miłością.

Ponieważ Bhutan skupia się raczej na Krajowym Przyroście Szczęścia niż na Krajowym Produkcie Brutto, kraj ten jest niczym laboratorium, w którym testuje się różne sposoby dbania o dobre samopoczucie. Jeden z nich to GNH Curriculum. Program obejmuje dziesięć pozanaukowych życiowych kompetencji, skierowany jest do uczniów liceów i realizowany przy współpracy z ministerstwem edukacji i naukowców z Uniwersytetu Pensylwanii. Jedną ze wspomnianych kompetencji jest właśnie uważność.

W badaniu wzięło udział ponad osiem tysięcy uczniów. Losowo wybrane szkoły zostały przypisane do dwóch grup: eksperymentalnej, w której realizowano GNH Curriculum, i kontrolnej, w której zastosowano działania placebo.

Sprawdzano dwie hipotezy: czy GNH Curriculum przyczynia się do poprawy samopoczucia i czy dobre samopoczucie prowadzi do lepszych wyników w nauce. Okazało się, że GNH Curriculum znacząco poprawia samopoczucie uczniów i ich wyniki w nauce.

POROZMAWIAJMY O ZDROWIU PSYCHICZNYM

―――

Mimo że istnieje zależność między zdrowiem psychicznym a fizycznym, nadal nie doceniamy znaczenia zdrowia psychicznego. Niestety często jest to też temat tabu.

Pewnego dnia udzielałem wywiadu młodemu Koreańczykowi. Opowiedziałem mu, w jaki sposób powstał Instytut Badań nad Szczęściem. Postanowiłem go stworzyć, kiedy w wieku czterdziestu dziewięciu lat nieoczekiwanie umarł mój przyjaciel. W tym samym wieku umarła moja mama. Uświadomiłem sobie, że każdy może w każdej chwili umrzeć, i zacząłem się zastanawiać, czy chcę dalej żyć tak jak dotychczas. Miałem wybór: mogłem nadal zajmować się tym, co niezbyt mnie pasjonowało, albo zaryzykować i zacząć robić coś nowego, coś, co dawałoby mi satysfakcję.

Mój rozmówca powiedział, że jego matka też zmarła w wieku czterdziestu dziewięciu lat. Cierpiała na depresję. Korea Południowa ma najwyższy współczynnik samobójstw wśród krajów OECD i najwyższą zachorowalność na depresję. Depresję można leczyć, natomiast nieleczona może prowadzić do tragedii. Niestety w Korei Południowej, podobnie jak w wielu innych krajach, choroby umysłowe wciąż pozostają społecznym tabu.

OECD tworzy dwadzieścia osiem krajów. Jeśli chodzi o stosowanie środków antydepresyjnych, Korea Południowa jest na dwudziestym siódmym miejscu. Dania na siódmym. Czy to znaczy, że Duńczycy mają większą skłonność do depresji? Nie, po prostu znacznie częściej poddają się leczeniu. Czy lekarstwa są właściwym sposobem na depresję – to temat na inną dyskusję. Nie ulega jednak wątpliwości, że dobrze być częścią społeczeństwa, w którym leczenie depresji jest dostępne, a nawet dofinansowywane przez państwo, a mówienie o niej otwarcie nie jest problemem.

Żeby skutecznie zwalczyć tabu związane z chorobami psychicznymi, musimy zacząć słuchać i się uczyć. Zapobiegać nieporozumieniom i skończyć z uprzedzeniami. Przestańmy szeptać za zamkniętymi drzwiami. Zacznijmy mówić o problemach otwarcie, zamiast zmagać się z chorobą w samotności i ciszy.

Doceńmy starania ludzi, którzy uważają, że o chorobach psychicznych należy w końcu zacząć mówić. Kilka lat temu grupa znanych duńskich pisarzy, modelek i reżyserów filmowych wzięła udział w pewnym programie w publicznej telewizji. Opowiadali o schorzeniach psychicznych, z którymi kiedyś się zmagali. Niedawno książę Harry przyznał, że też miał podobne problemy. Wielokrotnie był bliski załamania. Teraz zachęca ludzi do otwartego mówienia o swoim stanie i proszenia o pomoc. „Kiedy zaczniesz o tym mówić, przekonasz się, że takich jak ty jest bardzo wielu" – powiedział w wywiadzie dla „Telegraph" w kwietniu 2017 roku.

Między innymi właśnie dzięki takim akcjom zarówno Wielka Brytania, jak i Dania należą do czołówki, jeśli chodzi o likwidowanie tabu i podnoszenie świadomości. Jak wynika z danych Economist Intelligence Unit, w rankingu europejskiego wskaźnika integracji społecznej i zawodowej osób z zaburzeniami psychicznymi (Mental Health Integration Index) zajmują w tym względzie odpowiednio pierwsze i trzecie miejsce. Najwyższa pora, żebyśmy się stali bardziej otwarci i gotowi rozmawiać o chorobach psychicznych jak o wszystkich innych kłopotach zdrowotnych. Pozwólcie więc, że dorzucę swoje trzy grosze i powiem, że także moja matka cierpiała na depresję. Nie ma powodu tego ukrywać.

Młody Koreańczyk, którego matka zmarła na depresję, jest obecnie przewodniczącym Stella Foundation, fundacji, której celem jest uświadomienie ludziom, czym jest depresja i że należy o niej rozmawiać. Podarował mi obrazek przedstawiający trzy koreańskie maski, za którymi zwykle ukrywamy prawdziwe oblicze. Obrazek do dzisiaj stoi na moim biurku.

WSKAZÓWKA SZCZĘŚCIA:
ZACZNIJ OTWARCIE ROZMAWIAĆ O ZDROWIU PSYCHICZNYM

Kiedy następnym razem spytasz kogoś, jak się czuje, słuchaj go uważnie, nie zadowalaj się zwykłym: dobrze.

Według brytyjskiej Fundacji Zdrowia Psychicznego prawie połowa dorosłych twierdzi, że przynajmniej raz w życiu doświadczyli jakiegoś rodzaju zaburzeń psychicznych, ale tylko jedna trzecia z nich została zdiagnozowana. Co tydzień jedna na sześć osób doświadcza któregoś z powszechnych zaburzeń, takich jak lęk czy depresja. Nie bójcie się rozmawiać otwarcie z przyjaciółmi, rodziną i znajomymi, pytajcie, jak się naprawdę czują. Nie dajcie się zbyć grzecznościowym frazesem. Na stronie mentalhealth.gov (link znajdziecie na stronie amerykańskiego US Department of Health and Human Services) jest wiele porad dotyczących tego, jak zacząć trudną rozmowę z bliską osobą na temat zdrowia psychicznego. Mówcie, co naprawdę czujecie. Powiedzcie: „Martwiłem się ostatnio o ciebie. Chcesz porozmawiać o tym, co przeżywasz? Jeśli nie ze mną, to może z kimś innym. Mam wrażenie, że przechodzisz ciężki okres. Mogę ci jakoś pomóc?". Albo inaczej: „Martwię się o ciebie. Jesteś dla mnie ważny, więc proszę, powiedz mi, co się z tobą dzieje".

ZDROWIE

Dojazdy do pracy zamiast siłowni

Kopenhaga: 45 procent osób dojeżdżających do pracy czy szkoły dojeżdża na rowerze. Dlatego Duńczycy, nie chodząc na siłownię, ćwiczą więcej niż większość z nas. Więcej na stronach 131-134.

Ciclovía

Kolumbia, Bogota: W każdą niedzielę ponad sto kilometrów ulic zamyka się dla ruchu samochodowego i udostępnia pieszym i rowerzystom. Korzysta z tego ponad milion mieszkańców miasta. Więcej na stronie 141.

Shinrin-yoku

Japonia: Leśne kąpiele pozwalają chłonąć widoki, zapachy i dźwięki natury, poprawiając nasz stan psychiczny i fizyczny. Więcej na stronach 149-151.

Czyszczenie umysłu

Bhutan: Uczniowie i nauczyciele zaczynają i kończą dzień chwilą uważności, co poprawia samopoczucie i wyniki w nauce. Więcej na stronach 152-153.

Walka z tabu

Wielka Brytania: Według wskaźnika integracji społecznej i zawodowej osób z zaburzeniami psychicznymi opracowanego przez Economist Intelligence Unit Wielka Brytania przoduje w walce ze stygmatyzacją towarzyszącą problemom psychicznym. Ważną rolę odgrywa sama rodzina królewska. Za jej namową celebryci i inne znane osoby wypowiadają się publicznie, mówiąc o własnych zmaganiach z chorobami psychicznymi. Więcej na stronach 155–156.

Trasa widokowa

Stany Zjednoczone: specjaliści z laboratoriów Yahoo! stworzyli algorytm pozwalający wybrać najprzyjemniejszą pod względem krajobrazu drogę prowadzącą z jednego miejsca w inne. Na przykład najszybsza trasa z domu Paula Revere'a do stolicy stanu, Bostonu, prowadzi przez pełne samochodów ulice, ale wystarczy dodać dwie minuty, żeby przejść bocznymi uliczkami zabytkowego miasta.

Sportowy cukierek

Islandia, Reykjavík: Bohaterem telewizyjnego show *Lazy Town* jest wysportowany mężczyzna odżywiający się głównie owocami i warzywami. Postanawia przekonać dzieci z miejscowej szkoły do zdrowszego stylu życia. Mieszkańcy miasteczka go w tym nie wspierają – jedzą gotowe jedzenie i mało się ruszają. Bohater we współpracy z popularnym w Islandii supermarketem wymyśla kampanię, w której warzywa i owoce stają się „sportowymi cukierkami". W efekcie sprzedaż warzyw i owoców wzrasta o 22 procent.

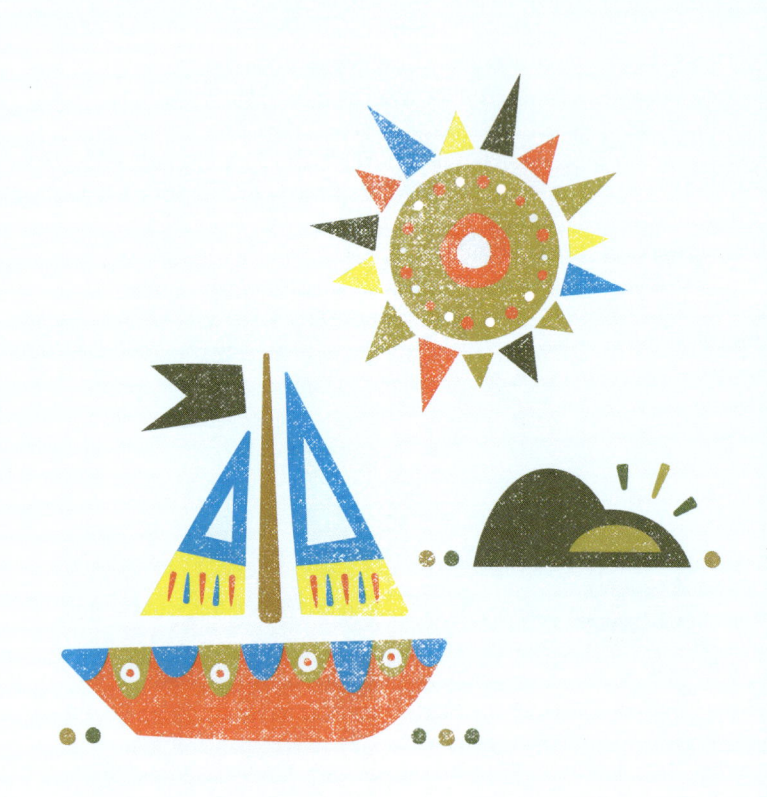

ROZDZIAŁ SZÓSTY

WOLNOŚĆ

WOLNOŚĆ

Pozwólcie, że zadam jedno pytanie: czy jesteście zadowoleni z tego, w jakim stopniu sami możecie decydować o swoim życiu? Wiadomo, że wolność decydowania o tym, co robimy ze swoim życiem – poczucie, że jesteśmy panami własnego losu – ma związek z tym, czy czujemy się szczęśliwi.

„Nikt nie będzie w pełni szczęśliwy, jeśli nie ma poczucia, że może swobodnie kierować własnym życiem" – czytamy w Światowym Raporcie Szczęścia z 2012 roku, w którym stwierdza się też, że wolność wyboru to jeden z sześciu czynników decydujących o tym, że niektórzy są szczęśliwsi niż inni.

W Danii mamy wolność wypowiedzi, wolność zgromadzeń i wolność poślubienia, kogo chcemy, oczywiście pod warunkiem że ta druga osoba powie tak. Dlatego nadal nie poślubiłem Rachel Weisz.

Zgodnie z Indeksem Wolności Człowieka z 2015 roku, dorocznym raportem dotyczącym zadowolenia z życia, Dania plasuje się na czwartym miejscu, zaraz po Hong Kongu, Szwajcarii i Finlandii. Wielka Brytania znajduje się na miejscu dziewiątym, Stany Zjednoczone na dwudziestym, Rosja na sto jedenastym, Chiny na sto trzydziestym drugim, Arabia Saudyjska na sto czterdziestym pierwszym, a na ostatnim – sto pięćdziesiątym drugim – Iran.

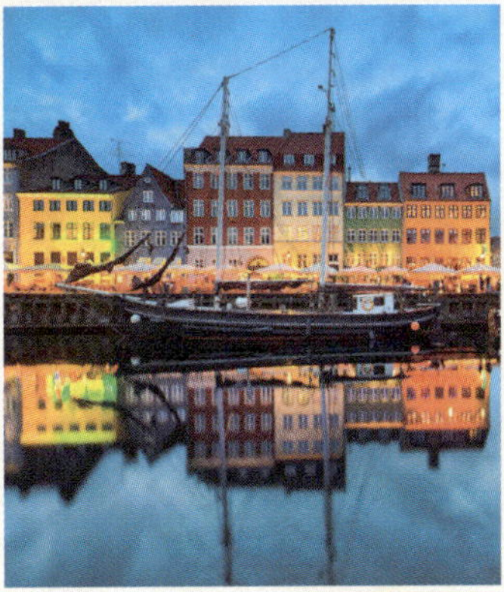

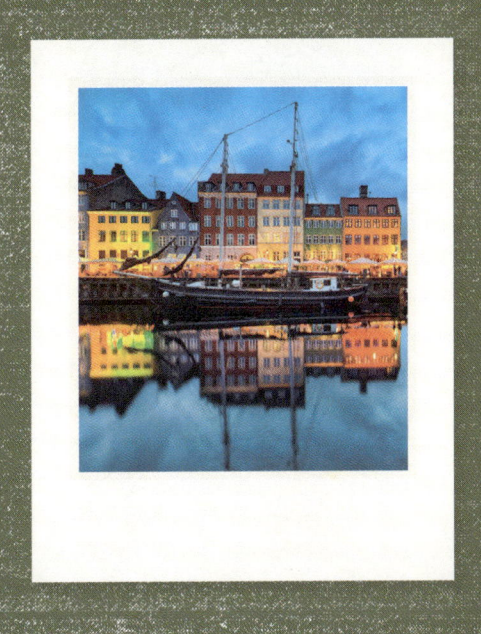

Nikt nie będzie w pełni szczęśliwy, jeśli nie ma poczucia, że może swobodnie kierować własnym życiem.

Światowy Raport Szczęścia 2012

Indeks bierze pod uwagę klasyczne prawa człowieka, takie jak wolność przemieszczania się, zgromadzeń i wypowiedzi, ale też ponad siedemdziesiąt innych wskaźników, między innymi wolność wyznania, wolność mediów, prawo do zawierania małżeństw dla osób tej samej płci, prawo do rozwodzenia się i dziedziczenia.

Wydaje mi się jednak, że jeden szczególnie ważny w kontekście ludzkiej wolności czynnik został przez Indeks pominięty – mianowicie czas. To zasób, którym obdzielono nas równo. Każdy nasz dzień to tysiąc czterysta czterdzieści minut, a każdy tydzień to sto sześćdziesiąt osiem godzin. Ale nasza wolność dysponowania czasem jest bardzo różna. W tym rozdziale przyjrzymy się trzem czynnikom, które mają wpływ na to, jak go spędzamy. Mam na myśli: pracę, rodzinę i przejazdy. Zobaczymy, czego możemy się nauczyć od ludzi, którzy są najszczęśliwsi.

KRAINA WOLNOŚCI

Jeśli chodzi o jakość życia, to przeprowadzka do Kopenhagi była najlepszym rozwiązaniem dla całej naszej rodziny.

Kate i jej mąż Simon przenieśli się z pierwszym dzieckiem do Kopenhagi z Londynu pięć lat temu, kiedy Simon dostał propozycję pracy. Teraz ich rodzina liczy już cztery osoby. Był to z ich strony akt wiary – Kate znalazła w tym czasie pracę w Kopenhadze, ale wcześniej porzuciła dobrą posadę w Londynie, żeby poświęcić się wychowywaniu dziecka. Żadne z nich nigdy przedtem nie było w Danii, więc decyzja wymagała sporej dozy zaufania.

„Byliśmy zmęczeni długimi godzinami pracy, długimi dojazdami, nawet weekendy nas męczyły: kiedy w końcu mieliśmy czas dla siebie, nagle nie wiedzieliśmy, co ze sobą zrobić. W tygodniu ja kładę się spać dość wcześnie, Simon lubi siedzieć do późna. Bywały dni, kiedy w ogóle się nie widywaliśmy".

Jeśli jest coś, o czym wszyscy ekspaci mieszkający w Danii wspominają, to jest to równowaga między pracą a życiem prywatnym. „Tu podchodzi się do czasu inaczej. Na przykład rodziny dbają o to, żeby wspólnie jadać posiłki. Pewnie w Londynie zarabialiśmy więcej, ale mieliśmy znacznie mniej czasu dla siebie".

Dla wielu obcokrajowców największą zmianą jest właśnie odnalezienie równowagi między życiem prywatnym a pracą. Po godzinie piątej duńskie biura kojarzą się z kostnicą. Jeśli pracujesz w weekend, Duńczycy uznają, że jesteś szaleńcem pracującym nad jakimś tajnym projektem.

„Największą różnicą między brytyjską a duńską kulturą pracy jest czas wolny. W Danii to rzecz święta. Docenia się czas, który można poświęcić rodzinie i przyjaciołom. Wychodzi się z pracy o czwartej albo piątej i nikomu nie trzeba się tłumaczyć. W zeszłym tygodniu wyszłam z biura o piątej i wróciłam na rowerze do domu. Pedałowałam z całych sił, w prawdziwie duńskim stylu. Kiedy wróciłam do domu, Simon zdążył już odebrać dziewczynki i zaczął szykować obiad".

W Skandynawii wychodzi się z założenia, że skoro do tego, żeby przyszło na świat dziecko, potrzeba dwóch osób, to również dwie osoby powinny się dzielić odpowiedzialnością za jego wychowanie. „Tutaj mężczyźni mówią w pracy, że nie mogą iść na spotkanie o czwartej, bo muszą odebrać dziecko. W Londynie byłoby to niemożliwe".

Dane potwierdzają doświadczenia Kate. Według OECD jeśli chodzi o zachowywanie równowagi między pracą a życiem prywatnym, Duńczycy nie mają sobie równych. Pracują przeciętnie 1457 godzin rocznie. Brytyjczycy – 1674 godzin rocznie, Amerykanie – 1790. Średnia OECD wynosi 1766. Duńczycy podchodzą do pracy elastycznie – często pracują z domu i sami mogą wybrać porę rozpoczęcia pracy. Ważniejsze jest to, żeby punktualnie stawić się na służbowe spotkanie, niż to, gdzie się pracuje. Mają też minimum pięć tygodni płatnego urlopu w roku.

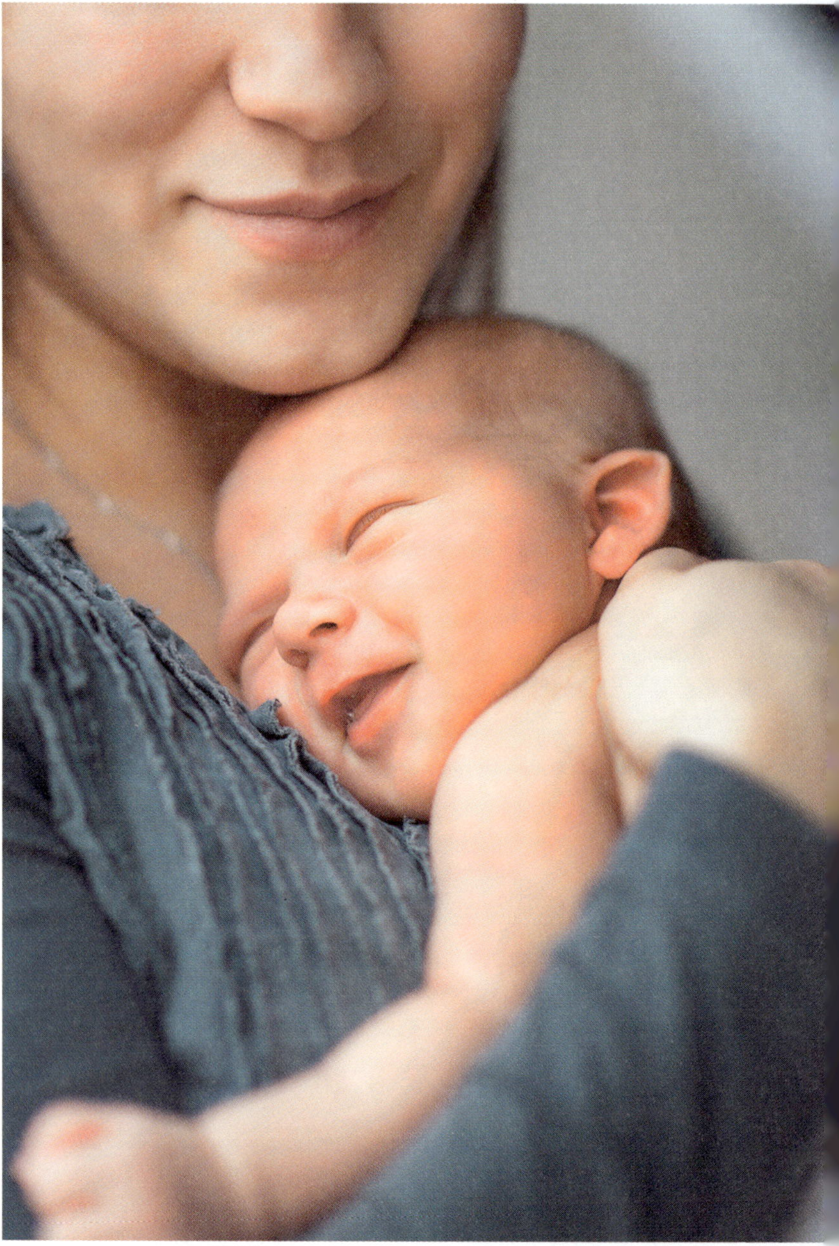

Równowaga między pracą a życiem prywatnym

1. Holandia	14. Estonia	27. Chile
2. Dania	15. Włochy	28. Nowa Zelandia
3. Francja	16. Czechy	29. Brazylia
4. Hiszpania	17. Szwajcaria	30. Stany Zjednoczone
5. Belgia	18. Słowacja	31. Australia
6. Norwegia	19. Słowenia	32. Republika Południowej Afryki
7. Szwecja	20. Grecja	
8. Niemcy	21. Kanada	33. Islandia
9. Rosja	22. Austria	34. Japonia
10. Irlandia	23. Portugalia	35. Izrael
11. Luksemburg	24. Polska	36. Korea Południowa
12. Finlandia	25. Łotwa	37. Meksyk
13. Węgry	26. Wielka Brytania	38. Turcja

Źródło: OECD Indeks Lepszego Życia.

Na opiekę po narodzinach dziecka rodzicom przysługują pięćdziesiąt dwa tygodnie. Mogą je dowolnie podzielić między siebie. Ostateczny przydział zależy od kilku czynników, między innymi od wysokości pensji i wymiaru godzin pracy. Ale nawet jeśli nie jesteście nigdzie zatrudnieni, otrzymacie około osiemnastu tysięcy koron (około dwóch tysięcy funtów) miesięcznie. Samo utrzymanie dziecka też jest dotowane przez państwo – rodzice dostają około trzystu funtów miesięcznie na każde dziecko.

Równowagę między pracą a życiem prywatnym, przyjazną dzieciom politykę i poziom wolności, której doświadczają rodzice, widać wyraźnie we wskaźniku nazywanym czasem luką szczęścia – *parental happiness gap* – określającym cenę, jaką płaci rodzic za bycie rodzicem.

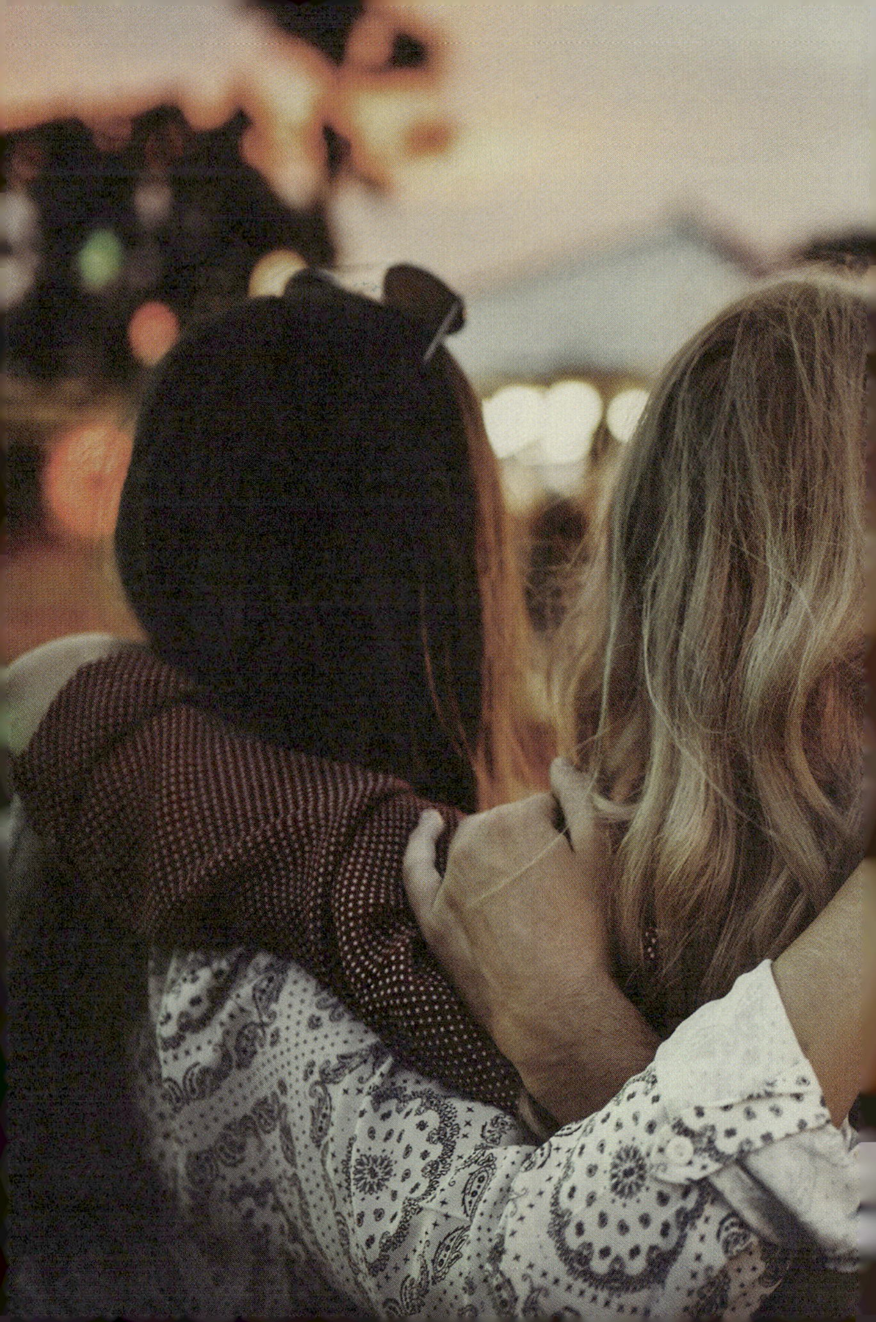

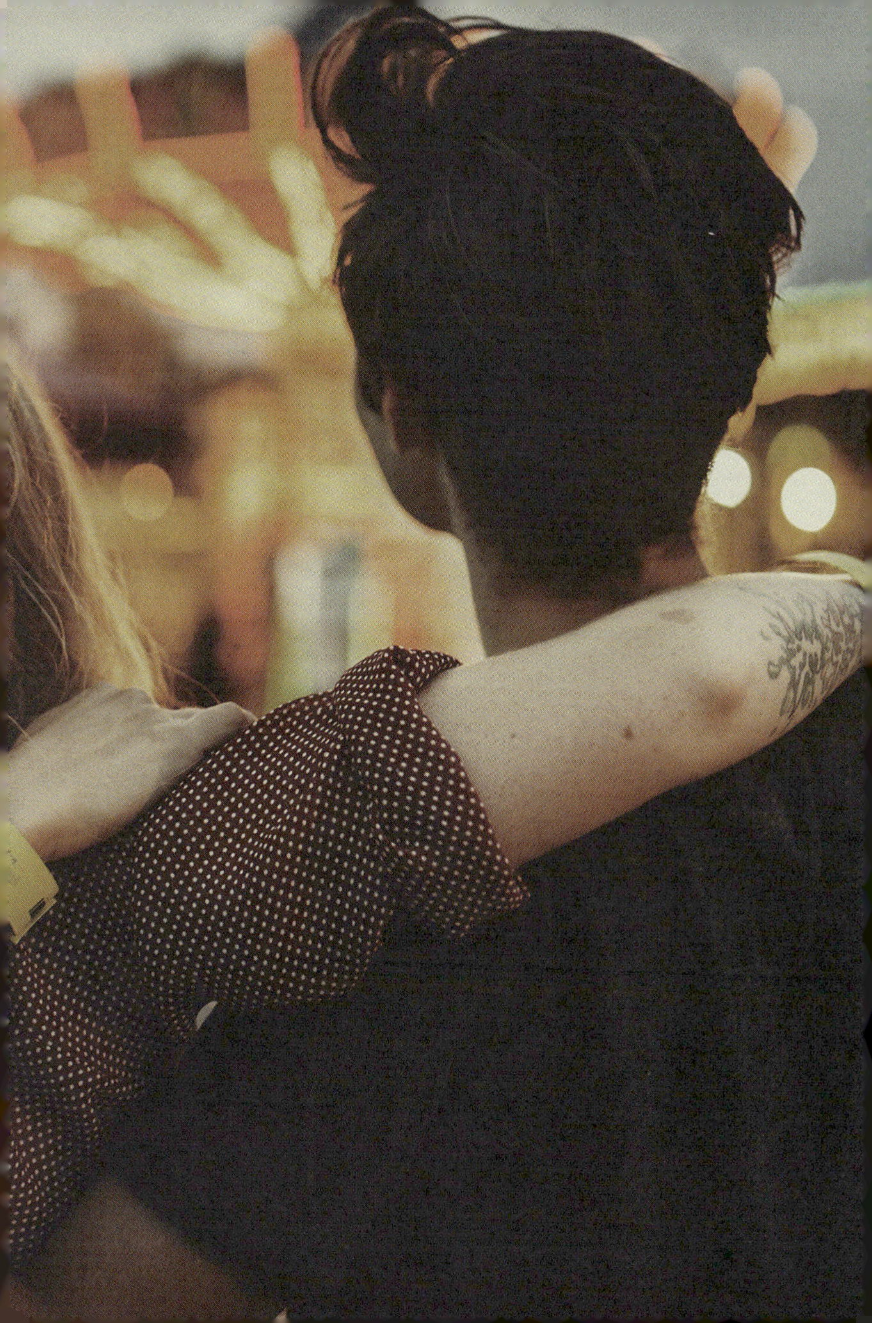

LUKA SZCZĘŚCIA

Dzieci to bez wątpienia wspaniałe źródło radości i miłości, ale też stresu, frustracji i zmartwień.

Miłość do własnego dziecka i wiara w to, że jest tym najlepszym, co nas spotkało w życiu, nie oznacza bynajmniej braku zmartwień. Dzieci nadają naszemu życiu sens, ale też wymagają, żebyśmy poświęcili dla nich wolność. Jak dzieci wpływają na to, czy czujemy się szczęśliwi? Czy jest ziarnko prawdy w tym, że rodzice są tak szczęśliwi jak ich najnieszczęśliwsze dziecko?

Zwykle badania dowodzą, że rodzice są mniej szczęśliwi niż ich rówieśnicy, którzy nie mają dzieci, a ich główne problemy to: nie mam pojęcia, co będę robić w weekend, może pójdę do Starbucka, a może pooglądam telewizję, wybiorę się na drinka, poczytam książkę, pójdę gdzieś z kuplami, którzy też nie mają dzieci.

Właśnie to nazywa się luką szczęścia albo inaczej – karą za posiadanie dzieci. Stąd biorą się nagłówki w gazetach, takie jak: „Posiadanie dzieci odbiera ludziom radość" albo „Ludzie mający dzieci są mniej szczęśliwi". Wydaje mi się jednak, że takie postawienie sprawy wynika z przeoczenia kilku rzeczy.

Po pierwsze, jeśli nawet posiadanie dzieci może źle wpływać na jakiś aspekt szczęścia, to badania dowodzą, że na inne wpływa dobrze – w tym na poczucie sensu i celu życia.

Po drugie, dzieci inaczej wpływają na poczucie szczęścia kobiet i mężczyzn. Jest to związane z tym, że kobiety tradycyjnie przejmują większą część opieki i obowiązków związanych z dzieckiem. Profesor Luca Stanca, autor książki *Geografia rodzicielstwa i dobrego samopoczucia*, twierdzi, że jeśli chodzi o rodziców, to kobiety mają o 65 procent większe poczucie kary niż mężczyźni.

Po trzecie, dzieci występują w różnym wieku i w różnych rozmiarach. Małe dziecko miesiącami nie pozwoli ci się wyspać, ale pięćdziesiąt lat później, kiedy będziesz już w domu opieki, może stać się dla ciebie źródłem szczęścia. Ponadto badania dowodzą, że posiadanie dziecka ma pozytywny wpływ na życie wdów i wdowców. Warto pamiętać, że jest różnica między jednoznacznym stwierdzeniem „dzieci odbierają radość życia" a „badania dowodzą, że wpływ dzieci na to, czy czujemy się szczęśliwi, zależy od czynników, które badamy, w tym od etapu dynamicznego, trwającego całe życie związku między rodzicami a dzieckiem".

Dodatkowe zadowolenie z życia

Kobiety 0.79

Mężczyźni 0.48

Źródło: Luca Stanca, Geografia rodzicielstwa i dobrego samopoczucia: Czy dzieci nas unieszczęśliwiają? I dlaczego?, *Światowy Raport Szczęścia, Wydanie Rzymskie, 2016.*

Pytanie, dlaczego rodzice małych dzieci deklarują, że ogólnie są mniej zadowoleni z życia niż ich bezdzietni rówieśnicy, nadal jednak jest otwarte. Wyniki badań dowodzą, że zależy to również od kraju. Rodzice w Stanach Zjednoczonych są o 12 procent mniej zadowoleni z życia niż ich bezdzietni rówieśnicy, w Wielkiej Brytanii o 8 procent, w Danii o 3 procent. W Szwecji i w Norwegii luka ta jest jeszcze mniejsza i wynosi około 2 procent, z tym że w tych krajach to rodzice są szczęśliwsi niż ich bezdzietni rówieśnicy. Kraje skandynawskie generalnie zajmują pierwsze miejsca we wszystkich rankingach szczęścia rodzinnego, ale jeśli chodzi o równowagę między pracą a życiem rodzinnym, to Szwecja wyprzedza Danię. Szwedzcy rodzice mają prawo do sześćdziesięciu wolnych dni rocznie na opiekę nad chorym dzieckiem do dwunastu lat.

Grupa badaczy pod kierownictwem Jennifer Glass, profesor socjologii z uniwersytetu w Teksasie, badała lukę szczęścia i poziom wolności, jakim cieszą się rodzice w różnych krajach. Pytała ich między innymi o to, czy stać ich na dziecko, czy mają prawo do wolnego w przypadku choroby dziecka, czy mają problem z uzyskaniem płatnego urlopu. Innym słowy czy mają dostęp do środków, które pomagają łączyć pracę z rodzicielstwem. Wyniki badań dowiodły, że istnieją różnice w polityce rodzinnej poszczególnych krajów. Tam, gdzie opieka była najlepsza, dzieci nie były dla rodziców karą. A najszczęśliwsi okazali się rodzice portugalscy.

Luka szczęścia w procentach

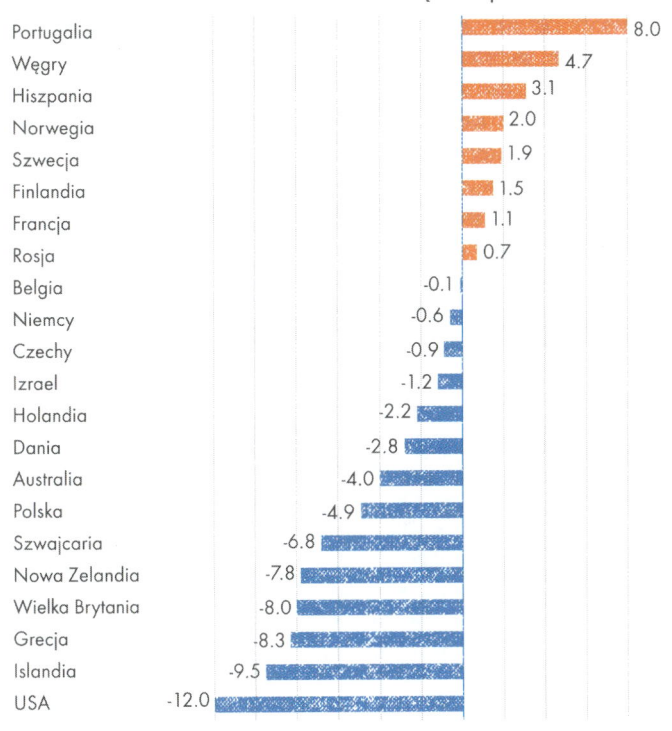

Portugalia	8.0
Węgry	4.7
Hiszpania	3.1
Norwegia	2.0
Szwecja	1.9
Finlandia	1.5
Francja	1.1
Rosja	0.7
Belgia	-0.1
Niemcy	-0.6
Czechy	-0.9
Izrael	-1.2
Holandia	-2.2
Dania	-2.8
Australia	-4.0
Polska	-4.9
Szwajcaria	-6.8
Nowa Zelandia	-7.8
Wielka Brytania	-8.0
Grecja	-8.3
Islandia	-9.5
USA	-12.0

Źródło: Glass, Simon i Anderson: Rodzicielstwo i szczęście: zbieżność polityki pracy i polityki rodzinnej rodzinnej w 22 krajach OECD, *2016.*

W Portugalii wnukami zajmują się dziadkowie, wspierając w ten sposób rodziców w wychowywaniu dzieci. Zainicjonowane w 2005 roku badania porównawcze, w których wzięło udział sześć tysięcy dzieci, ich rodziców i dziadków, pokazują wyraźnie, że portugalscy dziadkowie odgrywają kluczową rolę w codziennym życiu portugalskich rodzin: na co dzień opiekują się wnukami. 72 procent rodziców deklaruje, że radzą się swoich rodziców, jeśli chodzi o kształcenie dzieci. To dziadkowie pomagają wnukom w odrabianiu lekcji i wożą je na dodatkowe zajęcia. Gdy w wychowaniu dziecka aktywnie uczestniczy sześć dorosłych osób, które na zmianę towarzyszą mu w drodze do szkoły, nadzorują odrabianie lekcji, przygotowują i podają posiłki, wożą je na zajęcia sportowe i nie tylko, to oczywiście wszyscy dorośli mają dla siebie znacznie więcej czasu. Co, jak widać, skutkuje tym, że wszyscy są szczęśliwi.

W wywiadzie dla „New York Timesa" Jennifer Glass zauważyła, że we wszystkich badanych krajach państwo pomagało pracującym rodzicom bardziej niż w Stanach. Kwestię tę podnosił również gospodarz programu *Last Week Tonight* John Olivier: w specjalnym programie z okazji dnia matki ironicznie zauważył, że tylko w dwóch krajach – w Stanach Zjednoczonych i w Papui Nowej Gwinei – matki nie mają płatnego urlopu po urodzeniu dziecka. Dodał też, że gdyby Ameryka kochała swoje matki, to nie ograniczałaby się do oddawania im czci raz w roku, tylko wprowadziłaby politykę, która pomogłaby im w codziennym życiu.

Dopóki ten problem nie zostanie rozwiązany, przesłanie do matek w Dzień Matki powinno według niego brzmieć: „Matki – zawdzięczamy wam wszystko. Urodziłyście nas, wykarmiłyście, sprawiłyście, że jesteśmy tym, kim jesteśmy. Ale dzisiaj możemy powiedzieć wam tylko jedno: wracajcie do pracy, do cholery".

WSKAZÓWKA SZCZĘŚCIA:
DODATKOWI DZIADKOWIE

Wszyscy korzystamy na dobrych relacjach między pokoleniami. Zastanówcie się, kto mógłby zostać dodatkową babcią albo dziadkiem dla waszych dzieci. Wy zyskalibyście przy okazji przyjaciela.

W idealnym świecie wszyscy czerpalibyśmy ze skandynawskiej polityki rodzinnej i pomocy portugalskich dziadków. Ale nasi rodzice nie zawsze żyją. Możemy też z różnych powodów nie chcieć zwracać się do nich o pomoc. Żeby zasypać lukę szczęścia, w wielu duńskich miastach wdrożono program „dodatkowych dziadków". Starsi ludzie wyrażają chęć zostania babcią lub dziadkiem dzieci, które tego potrzebują. Pomagają, kiedy są chore, a w zamian często uczestniczą w rodzinnych uroczystościach. Podobny program możecie stworzyć w swoich krajach. Dodatkowa para rąk do pomocy zawsze się przyda, podobnie jak doświadczenie dodatkowych dziadków i ich cierpliwość. Oni zaś będą się czuli potrzebni i mniej samotni. Możecie spróbować nawiązać taką znajomość przy okazji wymieniania się książkami w minibibliotece. Poznajcie się, nawiążcie nić zaufania.

STUDIUM PRZYPADKU
LOUISE & TOM

„Jednym z przywilejów pisarza jest to, że może uczynić świat swoim domem. Kiedy zamieniłam wygodną karierę uniwersytecką na nowe życie w obcym kraju, podjęłam duże ryzyko".

„Zwykle najlepsze decyzje podejmujemy, słuchając wewnętrznego głosu. Czemu nie? – mówił mi mój. – *Andiamo*". „Powodem wielu zawodów są nasze niespełnione marzenia" – napisała w 2016 roku autorka powieści *Pod słońcem Toskanii* Frances Mayes w artykule opublikowanym w „Guardianie". Zamieniła swoją osobistą historię w powieść, która stała się bestsellerem. Na jej podstawie powstał film, który obudził marzenia milionów ludzi. Byli wśród nich Louise i jej mąż Tom.

Kilka lat temu przeprowadzili się ze Stanów do Włoch. „W pewnym momencie oboje zaczęliśmy szukać pracy za granicą. Tom miał szczęście i szybko coś znalazł".

Louise, która obecnie pracuje jako wolny strzelec, opowiedziała mi swoją historię przez telefon. Kiedy mówiła o swoim nowym życiu we Włoszech, miałem wrażenie, że się uśmiecha.

Louise i Tom mieszkają we Florencji, stolicy Toskanii, nad rzeką Arno. Florencja ma około czterystu tysięcy mieszkańców. W porównaniu z Nowym Jorkiem to znacznie mniej. Tempo życia, gwar, zapachy, kolory – wszystko jest tam inne. Kupując pomidory na rynku San Lorenzo, zobaczysz odcienie czerwieni, których istnienia nigdy nawet nie podejrzewałeś.

Louise i Tom przyjechali do Florencji z pięciomiesięczną córeczką. Szybko przekonali się, że we Włoszech także dzieci wychowuje się inaczej. Często zdarza się, że obcy ludzie podchodzą i łaskoczą małą w stópki, zwracając im przy tym uwagę, że ósma wieczorem to stanowczo za wcześnie, żeby kłaść niemowlaka spać.
To właśnie między innymi z powodu córeczki zaczęli szukać pracy za oceanem.

Oczywiście nie wszystko wygląda jak w hollywoodzkim filmie. „Brakuje nam przyjaciół i rodziny, ale i tak jesteśmy zadowoleni, że zdecydowaliśmy się przyjechać. Nareszcie mamy czas, żeby być rodziną".

NIE PRZEJMUJ SIĘ SZEFEM: SZCZĘŚLIWI PRZEDSIĘBIORCY

Inskrypcja na słynnej Statui Wolności głosi:

> *Przyślijcie do mnie nieszczęsnych wygnańców ze swoich brzegów rojnych, stęsknionych za oddechem wolnym.*

Rozmowa z Louise uświadomiła mi, że tęskniący za oddechem wolnym coraz częściej szukają innych miejsc niż Stany Zjednoczone. Dla większości ludzi opuszczenie własnego kraju może jednak być zbyt drastycznym krokiem. Niektórym pewnie łatwiej przyjdzie na przykład zmienić szefa.

Jakieś pięć lat temu oświadczyłem ojcu, że zmieniam pracę. Byłem wówczas szefem think tanku zajmującego się zrównoważonym rozwojem. Miałem dobrze płatną, bezpieczną pracę.

– Czym zamierzasz się zająć? – spytał ojciec.

– Będę się zajmował szczęściem. Stworzę think tank. Instytut Badań nad Szczęściem.

Zapadła cisza.

– Uważam, że to świetny pomysł – odparł ojciec.

Niektórzy uznaliby zapewne, że w czasach globalnej recesji taka decyzja była zbyt nieprzemyślana, ale mój ojciec zawsze, nawet kiedy jeszcze byłem małym chłopcem, przekonywał mnie, że zastanawiając się nad tym, jaką pracę wybrać, nie należy się skupiać na zarobkach, tylko na satysfakcji. „Przez większą część życia będziesz pracował – mówił mi. – Dlatego powinieneś być z pracy zadowolony".

> *Zastanawiając się nad tym, jaką pracę wybrać, nie należy się skupiać na zarobkach, tylko na satysfakcji.*
> **Wolf Wiking**

Pierwsze lata były ciężkie. Nie miałem pieniędzy. Nie miałem czasu dla siebie. Nigdy wcześniej nie pracowałem tak ciężko, nigdy też tak marnie nie zarabiałem, ale też nigdy się tak dobrze nie bawiłem. I nie jest to tylko moje doświadczenie.

„Myślę, że nie powinnam nazywać tego, co robię, pracą, tylko procesem twórczym. Bo rzeczywiście tworzę coś całkowicie nowego. A to, co tworzymy, jest częścią nas. Częścią naszej tożsamości. Z tego płynie prawdziwe szczęście". Veronica jest przedsiębiorcą w przemyśle modowym. Tryska z niej siła i radość. Latem widziałem się z nią, z jej mężem i ich córką, kiedy wrócili z miesięcznego pobytu w Chile. Szukali tam idealnej wełny z alpaki. Kiedy rozmawiałem z nimi następnym razem, właśnie wrócili z Tajlandii, gdzie szukali idealnego jedwabiu. Veronica była w piątym miesiącu ciąży. Tym razem, podobnie jak podczas poprzedniej podróży, odwiedzili też więzienie. Więzienie dla kobiet.

„W Peru mogliśmy zabrać córkę, w Tajlandii okazało się to niemożliwe" – śmieje się Veronica.

Właśnie tam odkryła, że w krajach rozwijających się większość kobiet trafia do więzienia za przestępstwa popełniane z biedy. Po powrocie do Kopenhagi stworzyła markę modową Carcel. Dzięki niej kobiety przebywające w więzieniach mogły się nauczyć czegoś nowego. A poza tym zarabiały, mogły więc posyłać dzieci do szkoły i odłożyć trochę na nowe życie, po wyjściu na wolność. Mogły mieć nadzieję, że wyrwą się z błędnego koła. Każdy produkt był nazywany imieniem kobiety, która go wykonała.

Stworzenie czegoś od zera to trudne zadanie. „Jestem biedna, ale jestem szczęśliwa. To prawda, że pracuję więcej, niż pracowałabym, gdybym miała normalną pracę. Ale za nic na świecie bym się nie zamieniła. Moja praca to ja, i to jest największa zmiana. Nie jestem najpierw matką, potem dyrektorką, partnerką życiową, przyjaciółką. Jestem Veronicą. Przez cały czas. I to sprawia, że czuję się szczęśliwa".

Dlaczego przedsiębiorcy z krajów OECD są szczęśliwsi niż pracownicy najemni, nawet jeśli nie we wszystkich biednych krajach tak jest? Odpowiedź znajdziemy, kiedy zastanowimy się, dlaczego ludzie zostają przedsiębiorcami. Czy założyli własną firmę dlatego, że tego chcieli, czy dlatego, że musieli, bo nie mieli szans na inne zatrudnienie?

To prawda, przedsiębiorcy często pracują więcej niż pracownicy na etatach. I pewnie też częściej zdarza nam się nocować na kanapie u przyjaciół, bo z pieniędzmi jest krucho. Ale jesteśmy szczęśliwi. Tak przynajmniej mówią wyniki badań. Samozatrudnieni deklarują większe zadowolenie nie tylko z pracy, ale z życia w ogóle.

Jesteśmy dziwną grupą pod każdym względem. Jesteśmy na przykład większymi optymistami niż inni. Kiedy ludzie zamieniają etat na samozatrudnienie, deklarują większe zadowolenie z życia. Dlaczego?

Przedsiębiorcy częściej niż inni mają w życiu wyraźny cel, ale wyniki badań potwierdzają też dość powszechny pogląd, że większa swoboda i bycie własnym szefem jest ważnym źródłem szczęścia, nie tylko na płaszczyźnie zawodowej, ale i prywatnej.

Przedsiębiorcy rzadko mają dużo wolnego czasu, ale czują się wolni: mogą rozwijać swoje pasje, mogą odmówić klientowi, mogą sami planować swoją pracę, dostosowując się do potrzeb rodziny.

„Sama decyduję, kiedy i gdzie jestem. Kiedy ma się małe dzieci, trudno się skupić na karierze, ale kiedy samemu jest się swoim szefem, można to jakoś zaplanować. Na pierwszym planie zawsze są potrzeby dzieci – oświadcza Veronica. – Jeśli rano widzę, że moja córeczka jest smutna, zostaję w domu i czytam jej książkę. Idę do pracy godzinę później. Żaden szef nie będzie z tego powodu krzywo na mnie patrzył. Zabieramy ją ze sobą w podróże. Są one historią również jej życia. Razem tworzymy naszą wspólną historię".

Ale chociaż wiele osób zazdrości takim ludziom swobody, niewiele jest gotowych podjąć ryzyko związane z taką formą zatrudnienia. Warto więc powalczyć o większą swobodę i autonomię w miejscu pracy, nawet jeśli pracuje się na etacie.

PIĘĆ SPOSOBÓW NA UWOLNIENIE SWOJEGO CZASU

GOTUJ WIĘCEJ, NIŻ POTRZEBUJESZ:

Przygotuj w weekend większą porcję jedzenia. Zamroź to, co ci zostanie. Przyda się w ciągu tygodnia.

WYKORZYSTUJ PRZERWY:

Wykorzystaj czas, kiedy czekasz na różne rzeczy – dwie minuty tu, pięć minut tam. Zastanów się, jak zagospodarować te luki. Ja wykorzystuję je na szlifowanie hiszpańskiego, więc jeśli zaczęliście się zastanawiać, czy nie przenieść się do Włoch, to może warto poznać jakieś nowe słowa. *Va bene?*

DWA W JEDNYM:

Zamiast wybierać między, powiedzmy, życiem towarzyskim a ćwiczeniami, możesz połączyć jedno z drugim. Idź pobiegać z kumplem, zagrajcie razem we frisbee, wybierzcie się na wspinaczkę albo na rowery górskie.

PRZYWIĄŻCIE SIĘ DO MASZTU:

W *Odysei* Odys prosi, by przywiązać go do masztu, żeby nie mógł ulec kuszącym go Syrenom. Dzisiaj też powinniśmy znaleźć coś, co by nie pozwalało kraść nam tyle czasu. Robi to na przykład Facebook. Większość ludzi narzeka, że za dużo czasu poświęca na Internet, ale są aplikacje jak Freedom, które blokują dostęp do internetu – na przykład na osiem godzin.

ZASTOSUJ PRAWO PARKINSONA:

Mając mało czasu, pracujemy wydajniej. Jeśli zadzwonią twoi teściowie i powiedzą, że będą za kwadrans, to zdążysz przed ich przyjściem sprzątnąć całe mieszkanie. Według Cyrila Northcote'a Parkinsona, brytyjskiego historyka i pisarza, „praca się rozciąga i wypełnia czas, który mamy na jej wykonanie". Albo inaczej: zaplanuj, kiedy zaczniesz coś robić, i kiedy skończysz.

MAILE, ZEBRANIA I MENEDŻEROWIE

Wyobraź sobie, że będąc w pracy, masz cały dzień do swojej dyspozycji. Żadnych zebrań. Nie tracisz czasu na spotkania, podczas których z ośmiu uczestników tylko dwóch jest zaangażowanych w dyskusję.

Szef nie wezwie cię i nie zacznie wypytywać o postępy w pracy nad projektem, żadnych maili z adnotacją: PILNE. Wymarzona sytuacja, prawda? Co byś zrobił, gdybyś miał tyle swobody? Ile rzeczy mógłbyś dokończyć: poważnych, istotnych, wymagających skupienia i uwagi. Tym bardziej że są to rzeczy, które lubisz robić.

Ogólnie rzecz biorąc, w pracy kradną nam czas trzy rzeczy: zebrania, szefowie i maile. Wielu z nas próbuje wypełnić dziesięcio- czy dwudziestominutowe przerwy między zebraniami pracą, która – jeśli ma być wykonana porządnie – wymaga skupienia i ciszy. Według Jasona Frieda, przedsiębiorcy i autora opracowania: *Remote: Office Not Required*, zebrania i szefowie zmniejszają naszą produktywność. Podsumujmy: na zebraniach pracownicy rozmawiają o pracy, którą wykonali bądź zamierzają wykonać, a rolą menedżerów jest im przerywać. I jedno, i drugie zabija produktywność.

Fried zasugerował rozwiązanie tego problemu: piątki na luzie powinno się zastąpić czwartkami bez rozmów. Wyznaczmy jeden czwartek, pierwszy czy ostatni w miesiącu, i postanówmy, że tego dnia nikt w biurze do nikogo się nie odzywa. Żadnych rozmów telefonicznych. Żadnych zebrań. Tylko cisza. Każdy wykonuje swoje zadania.

Próbowaliśmy wprowadzić taki system w Instytucie Badań nad Szczęściem. U nas nie zdał on egzaminu. Nie mogliśmy sobie pozwolić na cały dzień, czy nawet jedno popołudnie bez rozmów, więc zmodyfikowaliśmy pomysł, wprowadzając tak zwane czasowe strefy kreatywne. Dwie niczym niezakłócone godziny, kiedy można dokończyć to, na co wcześniej nie miało się czasu.

Później dowiedziałem się, że Intel eksperymentował z podobnym pomysłem: wtorkowy poranek był u nich czasem ciszy. W dwóch filiach w Stanach trzystu inżynierów i menadżerów zgodziło się ograniczyć kontakty z innymi we wtorkowe przedpołudnia. Nie zwoływano zebrań, nie odbierano komórek, nie sprawdzano poczty. W ten sposób starano się zapewnić wszystkim cztery godziny na myślenie. A potem sprawdzono, czy pomysł się sprawdził. Pilotaż trwał siedem miesięcy. 71 procent uczestniczących w nim pracowników chciało, żeby wdrożono go także w innych działach. Intel uznał, że pomysł się sprawdził, poprawił wydajność pracowników, a także jakość pracy i życia zatrudnionych. Ja też doceniam jego zalety, ale w moim miejscu pracy wymagał on – jak już wspomniałem – pewnych modyfikacji. Może tam, gdzie wy pracujecie, byłoby podobnie.

Niektórzy uważają, że ciche czwartki czy wtorki można porównać z pracą z domu. Żadnych zebrań, żadnych zakłóceń. W Danii cieszymy się dużą autonomią i możemy sobie pozwolić na dużą elastyczność w miejscu pracy. Pracodawcy często pozwalają pracownikom wykonywać część pracy w domu. Możliwe, że również dlatego 94 procent Duńczyków jest zadowolonych z pracy – tak przynajmniej wynika z badań Eurobarometru prowadzonych na zlecenie Komisji Europejskiej od 1973 roku.

Osobiście uważam jednak, że prawdziwym powodem do zadowolenia jest to, że 58 procent Duńczyków – według YouGov – twierdzi, że pracowałoby nadal, nawet gdyby nie musieli tego robić ze względów finansowych. Gdyby – powiedzmy – wygrali na loterii dziesięć milionów koron. Praca może i powinna być źródłem szczęścia, sprzyja temu właściwe zaprojektowanie i funkcjonalność miejsca pracy. Podobnie jak zapewnienie ludziom pewnej dawki swobody: na przykład czasu dla siebie – kiedy nikt im nie przeszkadza. Albo kiedy w ogóle nie ma ich w biurze.

WSKAZÓWKA SZCZĘŚCIA:
NIE PRZESZKADZAJ

Wypróbujcie różne pomysły, na przykład ciche wtorkowe przedpołudnia. Możliwe, że poczujecie się dzięki temu swobodniej.

Zastanówcie się, co zrobić, żeby zwiększyć swoją autonomię i uelastycznić sposób pracy. Pracownicy z pewnością będą bardziej zadowoleni i bardziej wydajni. Może uda wam się wprowadzić dwie, trzy ciche godziny, na przykład we wtorkowe poranki. Bez zebrań, rozmów telefonicznych i sprawdzania poczty. Sprawdźcie, jak to działa, jak wpływa na wydajność i zadowolenie pracowników. Poświęćcie na to kilka miesięcy. Albo wprowadźcie dzień pracy w domu. Jeśli ktoś traci dwie godziny dziennie na dojazd do pracy, może nawet popracować godzinę dłużej, a i tak zyska godzinę dla siebie!

UWAŻAJ NA LUKĘ

Proponuję obowiązkowy kurs dla wszystkich studentów. Niech cała grupa spróbuje wejść do ciasnej garderoby i stać w niej czterdzieści pięć minut, bez nawiązywania kontaktu wzrokowego.

Jeśli ktoś spojrzy komuś w oczy, odpada. Następnie grupa przechodzi do jeszcze mniejszej garderoby – ale tym razem wszyscy się nie zmieszczą. Ten, któremu nie uda się wejść, odpada. Proponuję nazwać to ćwiczenie: dojazd do pracy 101.

Nie wiem, jak długo Jean-Paul Sartre dojeżdżał do pracy, ale może właśnie w drodze do niej doszedł do wniosku, że „Piekło to inni". Nie przeczę, niektórzy dojeżdżający są w stanie ten czas dobrze wykorzystać: czytają, słuchają muzyki albo po prostu przetrawiają codzienne sprawy. Dla wielu z nas jest to jednak czas stracony. Jesteśmy sfrustrowani, bo jest to coś, na co nie mamy wpływu. Musimy się pogodzić z tym, że jesteśmy uwięzieni w autobusie, w pociągu czy w samochodzie.

Pomysł, że samochód miałby być symbolem wolności, to kwintesencja amerykańskości. Na całym świecie reklamy wmawiają nam, że jadąc własnym autem, będziemy podziwiać piękne nadmorskie widoki, dziką przyrodę, wokół nas jak okiem sięgnąć nie będzie żadnego samochodu. W rzeczywistości będziemy prawdopodobnie stać w korku, posuwać się po kilka metrów, słuchać wściekłego trąbienia, symfonii złości i frustracji. To nie wygląda na wolność. Samochód stał się naszymi okowami i bynajmniej nie przybliża nas do szczęścia.

Dla wielu pracowników dojazd do pracy to najgorsza pora dnia. Tak przynajmniej mówią wyniki niektórych badań. Psycholog Daniel Kahneman, laureat Nagrody Nobla, prowadził badania, stosując metodę dzienniczkową. Badani zapisywali w dzienniczkach wszystko, co robili poprzedniego dnia. Opisywali w szczegółach co i kiedy robili, kto im towarzyszył i co czuli. 909 amerykańskich kobiet stwierdziło, że poranna podróż do pracy to dla nich najgorsza pora dnia. Na drugim miejscu była praca, a potem powrót do domu.

Niestety dużą część życia poświęcamy na dojazdy do i z pracy. Ale różnice w czasie są spore. Według badań przeprowadzonych przez OECD mieszkańcy Republiki Południowej Afryki i Korei Południowej poświęcają na dojazdy dwa razy więcej czasu niż mieszkańcy Irlandii i Danii. Najdłużej dojeżdżają mieszkańcy Bangkoku: średnio dwie godziny dziennie.

W różnych krajach wygląda to różnie. W Wielkiej Brytanii najdłużej dojeżdżają mieszkańcy Londynu – 74 minuty, ale prawie dwa miliony ludzi tracą na codzienne dojazdy trzy godziny albo nawet więcej.

Jak długo jedziemy do pracy

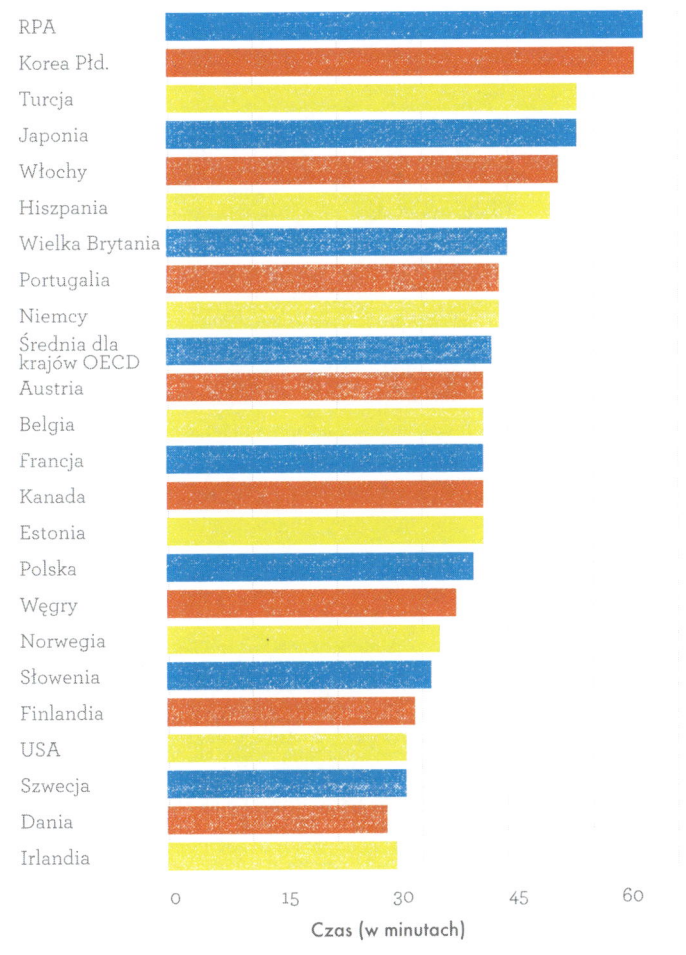

Kraj	Czas (w minutach)
RPA	~60
Korea Płd.	~58
Turcja	~52
Japonia	~52
Włochy	~50
Hiszpania	~48
Wielka Brytania	~45
Portugalia	~44
Niemcy	~44
Średnia dla krajów OECD	~43
Austria	~42
Belgia	~42
Francja	~41
Kanada	~41
Estonia	~41
Polska	~40
Węgry	~37
Norwegia	~34
Słowenia	~33
Finlandia	~31
USA	~30
Szwecja	~30
Dania	~29
Irlandia	~29

Źródło: OECD, „Jak się żyje?" Czas dojazdu do pracy w pomiarze dobrostanu, 2011.

Nie jest chyba dla nikogo niespodzianką, że w czasach kiedy coraz więcej ludzi ma problem z łączeniem pracy z życiem osobistym, a doba nadal trwa tylko dwadzieścia cztery godziny, według danych Urzędu Statystycznego z każdym kilometrem drogi do pracy czujemy się mniej szczęśliwi.

Punktem wyjścia do badań była grupa ludzi, którzy na dojazd do pracy potrzebowali od minuty do kwadransa. Każdy, kto dojeżdżał dłużej, czuł się bardziej nieszczęśliwy, natomiast ci pracujący z domu lub mieszkający blisko pracy okazali się zdecydowanie najszczęśliwsi.

Kiedy badamy poziom niepokoju, otrzymujemy podobne wyniki. Ludzie pracujący w domu stresują się mniej niż inni. Co ciekawe, ci, którzy dojeżdżają dłużej niż trzy godziny, wcale nie stresują się bardziej niż ci, którzy na dojazd poświęcają od minuty do kwadransa. Tego zjawiska nie potrafimy wytłumaczyć. Być może ludzie ci potrafią lepiej wykorzystać czas, na przykład na lekturę czy pracę, a może chociaż mieszkają poza miastem, świadomie wybrali odległe miejsce pracy. Może dom na wsi rekompensuje negatywne skutki długich dojazdów.

Kiedy porównamy wyniki, okaże się, że najbardziej cierpią ludzie, którzy na dojazd do pracy tracą od godziny do półtorej.

Do tej grupy należała Jessica. Kiedy dostała pracę w agencji reklamowej w San Francisco, dojeżdżała do pracy dziewięćdziesiąt kilometrów w każdą stronę. Jeśli natrafiła na korek, traciła do czterech godzin dziennie. Ale dobrze zarabiała, a potrzebowała pieniędzy na kosztowną terapię hormonalną, żeby móc zajść w ciążę.

Tak długie dojazdy zaczęły się jednak negatywnie odbijać na jej zdrowiu. Miała trzydzieści pięć lat i zaczęła mieć problemy z żołądkiem. Godziny spędzane za kółkiem skończyły się bólami kręgosłupa.

Po dziewięciu miesiącach odeszła z pracy. Obecnie pracuje jako wolny strzelec, zajmuje się dizajnem i fotografią. Zarabia co prawda mniej, ale może pracować w domu. Kiedy w lipcu 2016 roku BBC nagrywało program, którego była bohaterką, była w szóstym miesiącu ciąży.

WOLNOŚĆ

Równowaga między pracą a życiem prywatnym
Dania: Duńczykom najłatwiej znaleźć równowagę między pracą a życiem prywatnym. Standardowy tydzień pracy to trzydzieści siedem godzin. Warunki są elastyczne, można pracować z domu, można wybrać, o której zacznie się pracę. Więcej na stronie 167.

Powszechny dochód podstawowy
Finlandia: W 2017 roku rozpoczął się mający trwać dwa lata eksperyment. Dwóm tysiącom obywateli przyznano dochód gwarantowany w wysokości 560 euro miesięcznie, niezależnie od innych zarobków, majątku, statusu, zatrudnienia. Finowie mają nadzieję, że ograniczy to nierówności, zmniejszy ubóstwo i stanie się impulsem do wzrostu zatrudnienia.

Trzydziestogodzinny tydzień pracy
Szwecja: Wiele instytucji państwowych i prywatnych firm eksperymentuje z krótszym czasem pracy. Jedną z nich jest zajmująca się pozycjonowaniem firma Brath, której przedstawiciel mówi: „Udaje nam się zrobić więcej w ciągu sześciu godzin niż innym firmom w ciągu ośmiu. Jesteśmy przekonani, że to poprawia kreatywność, która jest tak potrzebna w naszej branży. Uważamy, że nikt nie jest w stanie być kreatywny przez osiem godzin dziennie. Sześciogodzinny dzień pracy ma większy sens, chociaż my też oczywiście czasem zaglądamy na Facebooka i czytamy wiadomości.

Nie ma to jak sieć

Budapeszt, Węgry: Dzisiaj nie zawsze trzeba wykonywać pracę w biurze. Połączenia internetowe są coraz lepsze, coraz więcej osób pracuje jako wolni strzelcy, z domu albo nawet z zagranicy. Budapeszt, Bangkok i Berlin to dla cyfrowych nomadów najlepsze miejsca. Koszt wynajmu jednopokojowego mieszkania w centrum Budapesztu to około pięciuset dolarów. Na filiżankę kawy w kawiarni wydasz nieco ponad dolara.

Zamieszkaj w pobliżu pracy

Maryland, USA: W ramach specjalnego programu każdy, kto przeprowadzi się bliżej miejsca pracy, może dostać nawet trzy tysiące dolarów dofinansowania na zakup nowego domu. Chodzi o to, żeby ludzie tracili mniej czasu na dojazdy, a także zamiast jeździć samochodem, zaczęli chodzić do pracy pieszo.

Żadnych maili po godzinach pracy

Niemcy: W 2011 roku Volkswagen zaczął blokować serwery, kiedy pracownicy wychodzili z pracy. Nadal mogli się kontaktować przez komórki, ale serwer wysyłający maile przestawał działać po półgodzinie od zakończenia zmiany i wznawiał pracę na pół godziny przed rozpoczęciem kolejnej. Nie dotyczyło to tylko kierownictwa.

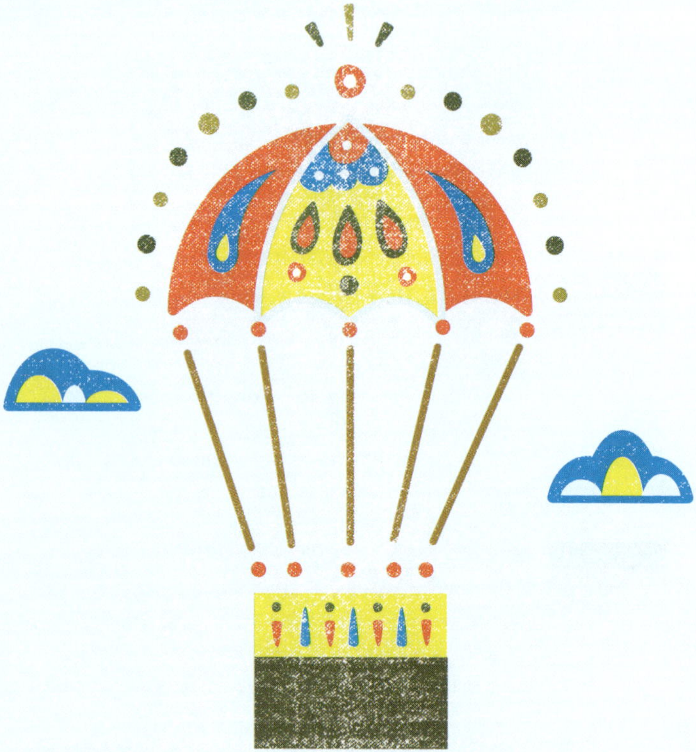

ROZDZIAŁ SIÓDMY

ZAUFANIE

POLOWANIE NA ZAUFANIE

Pewnego wieczoru w 1997 roku Anette poszła do nowojorskiej restauracji. Na zewnątrz było miejsce wydzielone łańcuchem. Zostawiła tam śpiącą w wózku córeczkę. Cały czas jej pilnowała, patrząc przez okno.

A jednak została aresztowana i skuta kajdankami. Oskarżono ją o zaniedbywanie dziecka i ledwo uniknęła więzienia. Chociaż, prawdę mówiąc, zrobiła to, co robi większość duńskich rodziców.

Kiedy pojedziecie do Kopenhagi i oswoicie się z liczbą rowerów na ulicach, zauważycie coś jeszcze: dzieci śpiące w wózkach na ulicy. Mamusie i tatusiowie raczą się kawą w lokalu, a mały Gustav lub mała Freja śpią smacznie na dworze. Kiedy pojedziecie na wieś, zauważycie przy drogach stoiska z warzywami – bez żadnej obsługi. Bierzcie, co chcecie, a pieniądze włóżcie do skrzynki.

Zaufania nabieramy dzięki wzajemności. Pewnego popołudnia poszedłem odebrać rower z naprawy. Z natury jestem roztargniony, więc oczywiście zostawiłem portfel w domu. „Nie przejmuj się, weź rower, zapłacisz mi jutro" – powiedział mechanik. Tego samego dnia musiałem przeczytać i podpisać sześciostronicowy kontrakt na napisanie jednostronicowego wstępniaka dla amerykańskiego koncernu medialnego. Mechanik z serwisu rowerowego poprawił mi nastrój – i zachęcił do ponownego skorzystania z jego usług. Kontrakty poprawiają nastrój jedynie prawnikom.

W artykule „Szczęśliwy w Danii – jakim cudem?", opublikowanym w „Forbes Magazine", Erika Andersen opisuje podobne doświadczenie. Przyjechała do Danii, żeby się dowiedzieć, dlaczego ten kraj zajmuje tak wysokie pozycje w rankingach szczęścia. Pewnego dnia wybrała się pojeździć konno. W stadninie nie przyjmowano płatności kartą. Właściciel zaproponował jednak, żeby pojechała na przejażdżkę, a później wróciła z pieniędzmi.

Erika doszła do wniosku, że Duńczycy są szczęśliwi dlatego, że sobie ufają. Była na dobrym tropie. Zaufanie jest jednym z sześciu czynników, które wyjaśniają, dlaczego niektóre kraje są szczęśliwsze niż inne. Autorzy Światowego Raportu Szczęścia z 2015 roku stwierdzają, że „powodzenie osiągają społeczeństwa, w których ludzie sobie ufają, włączając członków rodziny, kolegów, przyjaciół, obcych i instytucje takie jak rząd. Społeczne zaufanie wzmacnia poczucie zadowolenia z życia".

Ludzie, którzy ufają innym, są szczęśliwsi, a zaufanie czyni życie łatwiejszym. Duńskie urzędy cieszą się dużym zaufaniem obywateli. Duńczycy nie muszą podpisywać umowy na każdą małą transakcję. Umowa to umowa. Wierzymy ci na słowo. W Danii szef nie steruje twoją pracą, wierzy, że zostanie wykonana w umówionym terminie. A ty oczywiście wykonujesz swoje obowiązki także wtedy, kiedy pracujesz z domu.

Mówisz do szefa po imieniu, tak samo robią wszyscy inni, jecie lunch przy tym samym stole i rozmawiacie swobodnie zarówno o pracy, jak i o życiu prywatnym. Sukces opiera się na współpracy i pracy zespołowej, nie na byciu gwiazdą.

To nie przypadek, że w duńskich miejscach pracy panuje duch współpracy, równości i wzajemnego zaufania. Ale też umiejętności społeczne, współpraca, empatia i zaufanie znajdują się w programach nauczania w duńskich szkołach, a uczniowie są zachęcani do przenoszenia ich w dorosłe życie.

Procent ludzi mających duże zaufanie do innych

Dania: **89%**
Norwegia: **88%**
Finlandia: **86%**
Szwecja: **84%**
Holandia: **80%**
Szwajcaria: **74%**
Estonia: **72%**
Izrael: **71%**
Nowa Zelandia: **69%**
Wielka Brytania: **69%**
Belgia: **69%**
Australia: **64%**
Hiszpania: **62%**
Austria: **62%**
Niemcy: **61%**
Japonia: **61%**

średnia dla krajów OECD: **59%**
Francja: **56%**
Irlandia: **56%**
Czechy: **56%**
Słowenia: **53%**
Stany Zjednoczone: **49%**
Polska: **47%**
Słowacja: **47%**
Węgry: **47%**
Korea Południowa: **46%**
Grecja: **40%**
Portugalia: **38%**
Meksyk: **26%**
Turcja: **24%**
Chile: **13%**

Źródło: OECD: Society at a Glance – Social Indicators, 2011

WSKAZÓWKA SZCZĘŚCIA:
ZACHĘCAJ WSPÓŁPRACOWNIKÓW
DO CHWALENIA SIĘ NAWZAJEM,
A ZACZNĄ SOBIE UFAĆ

Pracownikiem tygodnia zostaje ten, kto sprawia, że jego koledzy błyszczą, kto ich chwali przed innymi.

Pracownik tygodnia to nie jest nowy wynalazek, ale ten model jest nieco inny, bo kwiaty dostaje nie ten, kto najlepiej pracował, ale ten, który chwalił innych. Jeśli Jørgen wykonał świetną robotę, a Sigrid powiedziała o tym szefowi, to kwiaty dostanie Sigrid.

Kilka lat temu sposób ten został zastosowany na oddziale intensywnej opieki neurologicznej w największym kopenhaskim szpitalu, który zmagał się z dużą liczbą zwolnień lekarskich. Pracownicy sobie nie ufali, nie byli zadowoleni z pracy, często się zmieniali. Kierownictwo oddziału zaczęło wręczać kwiaty pracownikowi tygodnia – była to część programu stosowania pochwał mającego na celu zmotywowanie pracowników. Liczbę zwolnień lekarskich zredukowano w ten sposób o blisko 75 procent.

EKSPERYMENT ZE ZGUBIONYM PORTFELEM

> *Czy – ogólnie rzecz biorąc – sądzisz, że większości ludzi można ufać, czy przeciwnie, uważasz, że w stosunkach z innymi ludźmi ostrożności nigdy za wiele?*

To standardowe pytanie służące do pomiaru zaufania zadawano w mnóstwie sondaży przez wiele lat, w wielu krajach. Co ty byś odpowiedział? Ufasz ludziom? Wierzysz, że ktoś, kto znajdzie na ulicy twój portfel, i to z gotówką, zwróci ci go? Czasem nie dajemy ludziom kredytu zaufania, na który zasługują.

Kanadyjski Generalny Sondaż Społeczny ujawnił, że mieszkańcy Toronto oceniają szanse na odzyskanie portfela z pieniędzmi znalezionego przez kogoś obcego na mniej niż 25 procent. Ale kiedy „zgubiono" w różnych miejscach w tym mieście dwadzieścia portfeli, 80 procent zostało zwróconych.

Eksperyment ze zgubionym portfelem – jako pomiar zasługiwania na zaufanie – po raz pierwszy został przeprowadzony przez Reader's Digest Europe w 1996 roku. Portfele – z pieniędzmi, nazwiskiem i adresem – zostawiono na ulicach dwudziestu miast w czternastu krajach Europy i w dwunastu miastach w USA. W dwóch krajach zwrócono wszystkie: w Norwegii i w Danii.

W 2013 roku Reader's Digest powtórzył eksperyment. Tym razem badacze „zgubili" po dwanaście portfeli w szesnastu miastach. W każdym było nazwisko, numer telefonu komórkowego, rodzinne zdjęcie, kupony, wizytówki i równowartość pięćdziesięciu dolarów w miejscowej walucie. Jak sądzicie, ile portfeli zwrócono z gotówką w środku?

Jeśli zgadywaliście, że około 50 procent we wszystkich szesnastu krajach, to mieliście rację. Łącznie rozrzucono sto dziewięćdziesiąt dwa portfele. Zwrócono dziewięćdziesiąt.

Liczba zwróconych portfeli (z dwunastu)

11 — Helsinki, Finlandia
9 — Bombaj, Indie
8 — Budapeszt, Węgry
8 — Nowy Jork, USA
7 — Moskwa, Rosja
7 — Amsterdam, Holandia
6 — Berlin, Niemcy
6 — Lublana, Słowenia
5 — Londyn, Wielka Brytania
5 — Warszawa, Polska
4 — Bukareszt, Rumunia
4 — Rio de Janeiro, Brazylia
4 — Zurych, Szwajcaria
3 — Praga, Czechy
2 — Madryt, Hiszpania
1 — Lizbona, Portugalia

Siedemdziesięciotrzyletnia Delma z Rio zwróciła portfel, ponieważ jako nastolatka ukradła w sklepie czasopismo, a matka wytłumaczyła jej, że to niedopuszczalne. Delma zapamiętała tę lekcję na zawsze. W Londynie jeden z pięciu zwróconych portfeli przyniosła trzydziestokilkuletnia Ursula, pochodząca z Polski. „Jeśli znajdziesz pieniądze, nie możesz zakładać, że należą do bogatego człowieka. To mogą być ostatnie pieniądze, które matka ma na jedzenie dla rodziny" – powiedziała. W Lublanie portfel zwróciła Manca, dwudziestojednoletnia studentka. „Kiedyś zgubiłam torbę – powiedziała badaczom. – Wszystko odzyskałam, ale wiem, co w takiej sytuacji człowiek czuje".

Obie, Ursula i Manca, miały dużo empatii. Postawiły się w sytuacji kogoś, kto zgubił portfel. Według mnie istnieje związek między empatią, gotowością do współpracą i zaufaniem. Jeśli mamy silną skłonność do empatii, jesteśmy również bardziej skłonni do współpracy niż do rywalizacji, a kiedy wszyscy współpracujemy, jesteśmy bardziej skłonni ufać sobie nawzajem.

Dlatego jeśli przedłożymy empatię nad egoizm, wszyscy będziemy się czuli lepiej. A jeśli przełoży się to na naszą wiarygodność, wszystkim nam wyjdzie to na dobre. Ludzie żyjący w społeczeństwie kierującym się empatią, skłonnym do współpracy i okazywania zaufania ogólnie czują się lepiej i są szczęśliwsi.

Zacznijmy więc być wiarygodni. Dotrzymujmy słowa, dochowujmy tajemnicy, skoro inni nam zaufali. Lojalność wobec nieobecnych dowodzi lojalności wobec obecnych. Wiarygodność to cenny atut, zarówno w naszym życiu, jak i w życiu tych, o których się troszczymy.

Może najlepiej wyraził to Mark Twain:

> *Jeśli mówisz prawdę, niczego nie musisz zapamiętywać.*

Dzięki temu życie staje się łatwiejsze, mniej stresujące – i szczęśliwsze. Jeśli ten argument nie wystarczy, pamiętajcie, że okazywanie empatii może w dłuższej perspektywie wzbogacić nas finansowo. Podczas badania zatytułowanego „Wczesne funkcjonowanie społeczno-emocjonalne a zdrowie publiczne: związek między przedszkolnymi umiejętnościami społecznymi a przyszłym stanem zdrowia", opublikowanego w „American Journal of Public Health" w 2015 roku, śledzono historię setek dzieci przez niemal dwie dekady, począwszy od wieku przedszkolnego. Udało się ustalić statystycznie istotną zależność między społecznymi i emocjonalnymi umiejętnościami dzieci w wieku przedszkolnym a ich życiem dorosłym, opisywanym w kategoriach wykształcenia, zatrudnienia, używania substancji psychoaktywnych, zdrowia psychicznego i popełniania przestępstw.

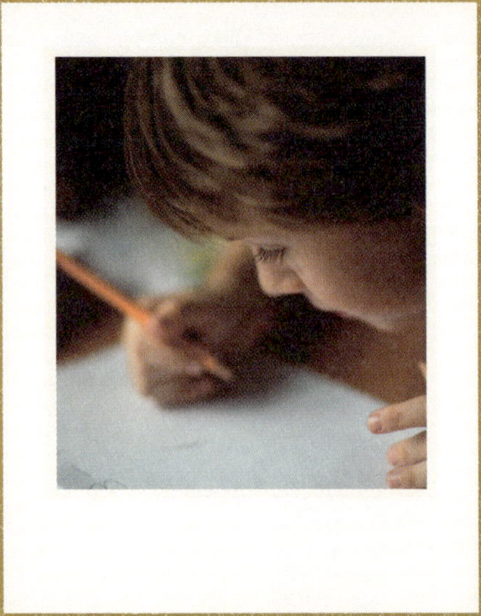

WYCHOWYWANIE DO SZCZĘŚCIA

> *Matematyka i duński są ważne, lecz ważne są też społeczne umiejętności dzieci i – tak – ich szczęście.*

Louise jest nauczycielką i jak większość duńskich nauczycieli w równym stopniu troszczy się o ogólny dobrostan i społeczno-emocjonalne umiejętności uczniów, jak i o ich wyniki w nauce.

Do niedawna najbardziej lubianą przez uczniów lekcją była *klassens time* – cotygodniowa lekcja poświęcona sprawom klasy. Uczniowie po kolei przynoszą ciasto lub słodycze i częstują nimi wszystkich. Dyskutują na różne tematy. Zastanawiają się, czy w ostatnim tygodniu były w ich klasie przypadki zastraszania jednych uczniów przez drugich, ale też jaką grę planszową należy kupić z zaoszczędzonych pieniędzy. W mojej opinii jednym z największych błędów duńskiej polityki edukacyjnej było właśnie to, co zrobiono z godzinami klasowymi. Nie ma już jednej stałej godziny w tygodniu: godzina klasowa została „zintegrowana" z innym przedmiotami, czyli tak naprawdę zlikwidowana.

Nadal jednak duński system edukacji przywiązuje dużą wagę do uczenia empatii, a uczniowie często pracują w grupach. Empatia będzie im potrzebna, żeby w przyszłości poradzili sobie w pracy, a jednocześnie nabywają w ten sposób inne umiejętności społeczne i poznają wartość współpracy.

„Mamy na uwadze harmonijny rozwój dziecka – pod względem naukowym, społecznym i emocjonalnym. Matematyka i duński są ważne, lecz ważne są też empatia, bycie dobrym przyjacielem i umiejętność współpracy z innymi" – wyjaśnia Louise.

„Pokazujemy dzieciom zdjęcia, na których ludzie mają różny wyraz twarzy, rozmawiamy o różnych emocjach odczuwanych przez ludzi i o tym, co sprawia, że je odczuwają. Pomagają także lektury. Dobra literatura pozwala dzieciom wniknąć w umysły bohaterów, wczuć się w ich sytuację. Dzięki dobrym książkom dzieci stają się bardziej empatyczne".

Przekonanie Louise potwierdzają wyniki badań wykonanych przez nowojorską New School for Social Research. Pięć eksperymentów z udziałem ponad tysiąca osób dowiodło, że czytanie beletrystyki zwiększa naszą zdolność do wyczuwania i rozumienia emocji innych. Ale nie może to być jakakolwiek beletrystyka.

Naukowcy wprowadzili rozróżnienie na „literaturę popularną", w której autor prowadzi czytelnika za rękę, i „literaturę piękną", w której czytelnik sam musi interpretować różne fakty i wypełniać luki w narracji. Nie dowiaduje się wprost, dlaczego jakaś postać zachowuje się tak, a nie inaczej: musi do tego dojść sam. W ten sposób książka nie tylko symuluje doświadczenia społeczne, ale sama staje się takim doświadczeniem.

Są dowody na to, że uczenie empatii zmniejsza częstość znęcania się nad innymi i dokuczania im. W 2015 roku zbadano, jak wielu chłopców w wieku od jedenastu do piętnastu lat czuło się ofiarami znęcania się. Okazało się, że takie doświadczenia miało 6 procent duńskich chłopców. W Wielkiej Brytanii było ich o połowę więcej – 9 procent, i blisko dwa razy więcej w Stanach Zjednoczonych – 11 procent. Najwyższy odsetek odnotowano w Austrii – 21 procent, zaś najniższy w Szwecji – 4 procent. Cytowane wyniki pochodzą z raportu OECD „Umiejętności dla postępu społecznego: siła umiejętności społecznych i emocjonalnych".

Duńczycy nie mają oczywiście monopolu na uczenie empatii. Ostatnio głośna była historia grupy amerykańskich szóstoklasistów uczących się pokonywać podziały polityczne powstałe po ostatnich wyborach. W Millennium School, niezależnej postępowej szkole znajdującej się w sercu San Francisco, jednej z najbardziej postępowych instytucji w USA, zauważono, że uczniowie głośno wyrażali sprzeciw, zaniepokojenie i niedowierzanie, kiedy 9 listopada 2016 pokazano im film z wypowiedziami zwolenników Trumpa. Kiedy jednak nauczyciele ponownie pokazali im film z wyłączonym dźwiękiem, dostrzegli na twarzach zwolenników Trumpa lęk, gniew i smutek. Okazali empatię, co stało się punktem wyjścia do zrozumienia, dlaczego wyborcy zagłosowali tak, a nie inaczej.

Duński system edukacji jest daleki od doskonałości, sądzę jednak, że wielu rzeczy można się od Duńczyków nauczyć. Skupienie na empatii i współpracy to jedno. Równie ważne jest jednak zrozumienie, że sukces nie musi być grą o sumie zerowej. To, że ty wygrałeś, nie musi automatycznie oznaczać, że ja przegrałem.

Systemy edukacji opierające się na punktowej ocenie uczniów uczą, że sukces to gra o sumie zerowej. Jeśli tobie idzie dobrze, to umniejsza to możliwości kogoś innego. Nie na tym powinno polegać szczęście.

Tak naprawdę szczęścia nie ubywa, kiedy dzielimy się nim z innymi. W Danii uczniowie nie są oceniani punktowo. Aż do ósmej klasy nie podlegają formalnej promocji. W zamian co roku nauczyciele rozmawiają z rodzicami o rozwoju dziecka pod względem naukowym, społecznym i emocjonalnym.

Mimo że duński system edukacji skupia się na umiejętnościach życiowych na równi z matematyką czy czytaniem, duńskie dzieci nie wypadają wcale gorzej w nauce. Podczas ostatniego badania PISA (Programme for International Student Assessment), które mierzy osiągnięcia naukowe uczniów w ponad siedemdziesięciu krajach, w 2015 roku, duńscy uczniowie osiągnęli 511 punktów w testach z matematyki, podczas gdy brytyjscy 492, zaś amerykańscy 470. Jeśli chodzi o czytanie, wskaźniki były następujące: Dania 500, Wielka Brytania 498, USA 497.

Uczenie dzieci pracy zespołowej, umiejętności społecznych, współpracy, empatii i spolegliwości nie odbywa się kosztem umiejętności naukowych. Być może należałoby też uczyć pracodawców, że zaufanie opłaca się wszystkim, także firmie.

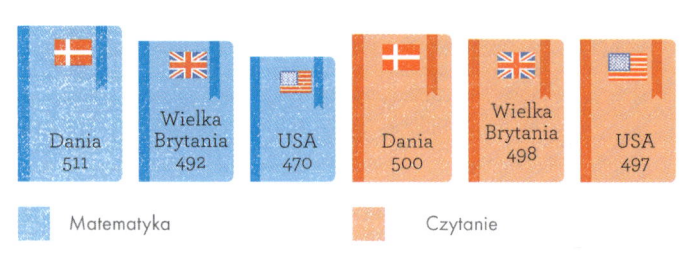

| Dania 511 | Wielka Brytania 492 | USA 470 | Dania 500 | Wielka Brytania 498 | USA 497 |

Matematyka — Czytanie

Źródło: Raport PISA 2015

ZAUFANIE NIE KOSZTUJE WIELE

Ludziom pracującym w firmach, w których nie okazuje się zaufania, praca kojarzy się często z: kontrolą, monitorowaniem, sprawdzaniem i biurokracją, z zasadami i regulacjami.

„Na specjalnym elektronicznym urządzeniu musieliśmy rejestrować, kiedy wchodzimy i wychodzimy. W ten sposób notowano, ile dokładnie trwała nasza wizyta" – mówi Pia, pracująca w sektorze publicznym opiekunka osób starszych. Wyjaśnia, jak zmiana zasad wykonywania pracy w Kopenhadze zmieniła jej pracę.

Kiedyś jej wizyty u osób starszych były planowane bardzo szczegółowo. Plan określał, ile ma czasu na wykonanie każdego zadania. Krople do oczu – pięć minut, pomoc w toalecie – dziesięć minut, pomoc w podniesieniu się i w jedzeniu – dziesięć minut. Lista obejmowała siedemdziesiąt zadań, a zegar tykał.

„Wszystko musiało zostać zarejestrowane, skupialiśmy się na tym, jak długo powinno trwać wykonywanie każdego zadania".

W 2011 roku władze Kopenhagi przeprowadziły pilotażowe badania. Chciały sprawdzić, jak będzie działał system opierający się na zaufaniu, a nie na „tyranii minut", jak nazywano dotychczasowy. Czas, który opiekunowie poświęcali na rejestrowanie wykonywanych czynności, mieli przeznaczyć na pomaganie podopiecznym. Zamiast trzymać się instrukcji mówiącej o tym, co należy zrobić i ile czasu na to przeznaczyć, opiekun sam miał ustalać z podopiecznym, co należy zrobić.

„Nie powinniśmy kontrolować pracowników. To opiekunowie najlepiej znają sytuację i to oni powinni oceniać, co trzeba zrobić w czasie wizyty" – powiedziała pani burmistrz Ninna Thomsen.

Pilotaż okazał się wielkim sukcesem. Nie spowodował wzrostu wydatków, natomiast satysfakcja pracowników poszybowała w górę. Obecnie podobne zasady są wprowadzane w życie w kopenhaskim systemie opieki społecznej. Doprowadzi to do zreformowania całego sektora publicznego. Zmieniły się priorytety: już nie sztywne reguły, biurokracja i sprawozdawczość są najważniejsze. Najważniejsze jest to, co jest najlepsze dla obywateli, i to, co pozwoli zapewnić najwyższą jakość opieki. Kadra kierownicza i pracownicy są teraz oceniani raczej na podstawie zwrotnych informacji od obywateli niż na podstawie procedur, wyników monitorowania i sprawozdawczości.

„Wierzymy, że jesteśmy w stanie ocenić, czego potrzeba starszym mieszkańcom miasta" – wyjaśnia Pia. Praca daje jej dzisiaj znacznie większą satysfakcję. I nie tylko jej. Pracownicy są bardziej zadowoleni, zmalała też liczba zwolnień lekarskich. „Przedtem robiłeś, co ci kazano, i biegłeś do drzwi. Dzisiaj możesz się skupić na podopiecznym i dostarczyć mu tego, czego może potrzebować. Mamy większą swobodę działania".

WSKAZÓWKA SZCZĘŚCIA:
WSPÓŁPRACUJ ZAMIAST KONKUROWAĆ

Zastąp gry konkurencyjne kooperacyjnymi, zmień reguły i cele.

Spróbujmy pokazać dzieciom, jakie wartości i przyjemności płyną ze współpracy. Przeciwstawmy je skutkom rywalizowania ze sobą. Może warto w tym celu trochę zmienić zasady popularnych gier? Chyba wszyscy znamy zabawę w muzyczne krzesła. Dziesięcioro dzieci, dziewięć krzeseł. Kiedy muzyka cichnie, każde próbuje zająć krzesło. To, które nie zdąży, odpada. W każdej kolejnej rundzie usuwa się jedno krzesło, aż w końcu zostaje dwoje dzieci i jedno krzesło. W zasadzie jest to łagodna wersja *Igrzysk śmierci* dla ludzi, którzy naprawdę lubią siedzieć.

Ta zabawa uczy dzieci walczyć o ograniczone zasoby. Ten, kto odpadł w pierwszej kolejności, stoi i obserwuje innych, zamiast bawić się z nimi. ALE ZABAWNE! A gdybyśmy tak zmienili to w grę polegającą na współpracy? W dalszym ciągu zaczynamy od dziesięciorga dzieci i dziewięciu krzeseł, ale teraz, kiedy muzyka cichnie, wszyscy siadają – dwoje dzieci dzieli krzesło. Dobra robota. Usuwamy jedno krzesło, ale wszystkie dzieci pozostają w grze. Muzyka cichnie i teraz już nie jedno, a dwa krzesła muszą zostać zajęte przez dwoje dzieci. Na końcu dziesięcioro dzieci próbuje zmieścić się razem na jednym krześle. Zamiast uczyć rywalizacji, uczymy współpracy.

PIĘĆ SPOSOBÓW ZACHĘCANIA DZIECI DO EMPATII

---

1. **SPACERUJ I OPOWIADAJ**: Wybierzcie się na spacer, ustalcie, że szukacie kogoś w szarej kurtce (lub czymkolwiek innym). Kiedy znajdziecie takiego kogoś, do końca spaceru opowiadajcie sobie o tym, jak – na podstawie wyglądu – wyobrażacie sobie jego życie.

2. **RYSUJ**: Na środku kartki narysuj twarz wyrażającą radość, złość, smutek albo inne uczucie, a następnie to, co mogło wywołać te emocje.

3. **BAW SIĘ**: „Uczucie tygodnia": opisz różne uczucia albo narysuj buźki na kartce i przyklej ją na lodówce. Przez cały tydzień codziennie pytaj swoje dziecko, która buźka oddaje to, co aktualnie czuje.

4. **GESTY**: Stań przed lustrem. Schowaj ręce za plecami i mów, a potem spróbuj wyrazić gestami to, co przed chwilą powiedziałeś. To ćwiczenie mogą też wykonywać dwie osoby: jedna mówi, druga pokazuje gestami.

5. **BEZ DŹWIĘKU**: Włącz któryś z ulubionych filmów swoich dzieci, ale bez dźwięku. Porozmawiajcie o mimice bohaterów, zastanówcie się, co w danym momencie odczuwają.

WYŚCIG ZBROJEŃ: URODA I ROZUM

„W jakim celu pan tu dzisiaj przyszedł?" – spytała perfekcyjnie wyglądająca recepcjonistka.

Żeby w pełni zrozumieć znaczenie zaufania i współpracy, musimy odwiedzić jeden z najbardziej konkurencyjnych krajów na świecie.

Jestem w Seulu – światowej stolicy chirurgii plastycznej – w dystrykcie Gangnam, znanym także jako Dzielnica Ulepszania lub Pas Piękna, właśnie z powodu mieszczących się tutaj pięciuset klinik, wśród których są „Kopciuszek", „Urodzona na nowo" i „Centrum Ludzkiej Aparycji". Klinika, w której jestem, ma siedemnaście pięter. Przed wejściem stoi ferrari. Czerwone. Oczywiście.

„Mmm... moje ucho – dukam. – Wygląda, jakby ktoś wyciął z niego kawałek. Chciałbym to naprawić".

Pierwsza część jest prawdą. Druga nie. Jestem zadowolony ze swoich uszu. Dzięki nim w szkole średniej miałem przydomek Evander Holyfield, co dla faceta, który na co dzień nosi okulary i tweedowe marynarki z łatami na łokciach, było czymś wspaniałym: już bardziej nie mogłem się zbliżyć do wizerunku złego chłopaka.

Tak naprawdę znalazłem się tam dlatego, że chciałem zrozumieć zjawisko, które można nazwać wyścigiem zbrojeń w dziedzinie urody.

Szacunki opierające się na danych statystycznych Międzynarodowego Towarzystwa Estetycznej Chirurgii Plastycznej wskazują, że jeden na pięćdziesięciu mieszkańców Korei Południowej poszedł pod nóż lub igłę, co lokuje ten kraj na pierwszym miejscu w przeliczeniu na mieszkańca: dwudziestu na tysiąc mieszkańców w porównaniu do trzynastu na tysiąc w USA. Wielka Brytania nie jest objęta tą statystyką, lecz dane Brytyjskiego Stowarzyszenia Estetycznej Chirurgii Plastycznej mówią o 51 140 zabiegach w 2015 roku. Daje to około 0,8 zabiegu na tysiąc mieszkańców.

Jest jednak prawdopodobne, że zabiegów może być w Korei Południowej znacznie więcej, ponieważ te przeprowadzane w klinikach prywatnych mogą nie być rejestrowane. Niektóre źródła twierdzą, że 20 procent Koreanek co najmniej raz w życiu poddało się operacji plastycznej, inne szacują, że 50 procent kobiet w wieku poniżej trzydziestu lat przeszło operację kosmetyczną.

Jakiekolwiek są dokładne dane, należy sobie zadać pytanie: dlaczego tego typu zabiegów wykonuje się tak dużo?

Po pierwsze – skoro ceny operacji w Seulu stanowią około jednej trzeciej tego, co za podobny zabieg trzeba zapłacić w USA, to zapewne za część tych statystyk odpowiada turystyka chirurgiczna. Oferowane są pakiety: hotel z kliniką, żeby nie trzeba było chodzić po ulicy w bandażach. I rzeczywiście – lobby kliniki, w której jestem, wypełniają walizki. Po drugie – operacja podwójnej powieki (wstawienie dodatkowego załamania w powiece, żeby oko wyglądało na większe) to tutaj popularny i prosty zabieg, który trwa tylko piętnaście minut. Były prezydent Korei Roh Moo-hyun poddał mu się w 2005 roku, w trakcie kadencji. To zaś prowadzi nas do trzeciego powodu: mężczyźni także to robią. Stanowią obecnie do 15-20 procent klientów kliniki.

W seulskim metrze może cię powitać reklama operacji plastycznych przekonująca, że „wszyscy oprócz ciebie już to zrobili". I to prowadzi nas do powodu czwartego. Konkurencji.

Pamiętacie koreańskie powiedzenie: jeśli jeden kuzyn kupi ziemię, drugiego zaczyna boleć brzuch? Kiedy twój sąsiad kupował nowe auto, ty też to zrobiłeś. Teraz konkurencja dotyczy innych branż: urody i edukacji.

„Koreańczycy są bardzo konkurującym społeczeństwem" – mówi Yeon-Ho.

Spotkaliśmy się już kilka razy. Pierwszy raz w moim biurze w Kopenhadze. Yeon-Ho prowadził badania do książki, w której starał się znaleźć odpowiedź na pytanie: dlaczego Dania tak dobrze wypada w rankingach szczęścia i czego mogłaby się od nas nauczyć Korea Południowa. Teraz jesteśmy w Seulu i spotykamy się w centrum miasta, jak tysiące demonstrantów protestujących przeciwko pani prezydent Park w związku ze skandalem korupcyjnym, który zresztą później miał doprowadzić do impeachmentu i usunięcia jej z urzędu.

„Koreańscy uczniowie potrzebują przerwy od rywalizacji. Właśnie dlatego założyłem tutaj duńską *efterskole*".

Nigdy nie spotkałem uczniów pracujących ciężej niż młodzi Koreańczycy. Ci, z którymi rozmawiałem, idą do pierwszej szkoły – tak, do pierwszej – o ósmej rano. Kończą o szesnastej i idą do domu coś zjeść. Zajęcia w drugiej szkole mogą trwać od szesnastej nawet do dwudziestej pierwszej. Uczniowie mogą też mieć lekcje z prywatnym tutorem lub *hagwons*, zawodowym prywatnym korepetytorem. Trzy czwarte uczniów uczęszcza do takiej drugiej szkoły. *Hagwons* i prywatni tutorzy to wielki biznes wspierający nakręcanie akademickiego wyścigu zbrojeń, w którym stawką jest przyjęcie na jeden z trzech najbardziej prestiżowych uniwersytetów w Korei Południowej – Seoul National University, Korea University i Yonsei University, znanych też jako SKY – co ma umożliwić przyszłą karierę w jednej z największych korporacji.

Egzamin decydujący o tym, na który uniwersytet się dostaną, to oczywiście poważna sprawa. Kiedy nadchodzi pora, wszystko zdaje się kręcić wokół tego. Krajową giełdę otwiera się godzinę później. Godziny pracy zostają zmienione, żeby zminimalizować poranne korki, tak żeby uczniowie nie spóźnili się na egzamin. Według danych Narodowego Urzędu Statystycznego powodem ponad połowy samobójstw wśród młodzieży między piętnastym a dziewiętnastym rokiem życia są „wyniki w nauce i starania o przyjęcie na studia". W 2008 roku konkurencja stała się tak zażarta, że rząd wprowadził godzinę policyjną dla *hagwons* i prywatnych tutorów: żadnych lekcji po godzinie dwudziestej drugiej. Obywatelom wypłacano nagrody za donoszenie na łamiących przepisy. Patrole kontrolowały *hagwons*, dokonywały nawet nalotów na prywatne mieszkania. „Prosimy o spokój – to nalot policji: odłóżcie książki!".

Trudno się nie zgodzić z Yeon-Ho: koreańscy uczniowie potrzebują wytchnienia. Dlatego wracając z Danii do Korei Południowej, zabrał ze sobą pomysł na założenie duńskiej *efterskole*.

Marzeniem Yeon-Ho była szkoła, której uczniowie mieliby poczucie przynależności do małej społeczności, w której braliby odpowiedzialność za swoje życie. W której doświadczaliby poczucia wspólnoty i szczęścia i mogli się skupić na innych rzeczach, nie tylko na uczeniu się do egzaminu. W której uczyliby się współpracować, a nie tylko konkurować.

„Dlatego powtarzam uczniom, że jeśli coś pójdzie nie tak, jak chcieli, i tak odniosą z chodzenia do naszej szkoły korzyści i dużo się nauczą. Będą mogli poświęcać czas sobie i innym – i być szczęśliwi".

W takim wychowywaniu dzieci chodzi raczej o bycie razem, o zaufanie, empatię i współpracę. Krótko mówiąc: o umiejętności społeczne. Celem nie jest stworzenie ludzkiego robota z możliwie największą wydajnością, ale kształtowanie człowieka, który rozumie innych i im pomaga.

MATKI TYGRYSICE CZY MATKI SŁONICE

Nie każdy akceptuje duński system edukacji i sposób, w jaki w Danii wychowuje się dzieci. W 2011 roku ukazała się książka Bojowa pieśń tygrysicy, będąca manifestem przeciwko duńskiemu sposobowi wychowywania dzieci.

Autorka zdawała się promować presję na doskonałość w nauce, ograniczenia lub całkowity zakaz zajęć pozaszkolnych czy towarzyskich, takich jak nocowanie poza domem – czyli w istocie opowiadała się za embargo na przyjemności – a także karanie i zawstydzanie dzieci niespełniających wielkich oczekiwań rodziców.

Badanie przeprowadzone w 2013 roku przez Su Yeong Kim, profesor nauk o ludzkim rozwoju i rodzinie z Uniwersytetu Teksańskiego, rzuciło światło na skutki tygrysiego macierzyństwa. Według profesor młode tygrysy mają niższe oceny, większą skłonność do depresji i czują się mniej związane z rodzicami w porównaniu z dziećmi rodziców określanych jako „wspierający" czy „na luzie".

Kilka lat po odśpiewaniu bojowej pieśni tygrysicy jej autorka, Amy Chua – pierwsza matka tygrysica – i jej mąż zostali zapytani przez dziennikarza „Guardiana", dlaczego niektóre grupy kulturowe w USA radzą sobie lepiej niż inne. Chua wyjaśniła, że podczas swoich badań skupili się na wskaźnikach dochodu, zauważyła jednak, że to „materialistyczne pojmowanie sukcesu", i powiedziała, że nie twierdzi, że „to jedyna miara", a także „że to bynajmniej nie oznacza, że dzieci są szczęśliwe". Jej mąż też miał zastrzeżenia co do dużych wymagań wobec innych ludzi.

„Wiem, że jestem nieszczęśliwy – powiedział. – Zawsze czułem, że cokolwiek zrobię, nie będzie to dość dobre. Nieważne, jak bardzo będę się starał. Cierpię z tego powodu i obawiam się, że przekazałem to także swoim dzieciom".

Nie ma doskonałej recepty na bycie rodzicem, nie ma doskonałych rodziców ani doskonałych dzieci. Wszyscy staramy się, jak możemy. Przyjrzyjmy się więc korzyściom płynącym z postępowania mam i ojców słoni – rodziców, którzy czuwają nad dziećmi, dodają im otuchy i wierzą, że jeśli dzieci wiedzą, że są kochane – i to nie za oceny – to miłość da im siłę, żeby mogły szukać własnej drogi do szczęścia i nią podążały.

Miałem szczęście: wychowały mnie słonie. Gdyby nie zachęta rodziców i pewność, że będę kochany, dokądkolwiek życie mnie zaprowadzi, nie jestem pewien, czy odważyłbym się wyruszyć w podróż, która wiązała się co prawda z ryzykiem, ale uszczęśliwiała mnie i pozwoliła przeżyć wiele przygód.

Jedną z nich przeżyłem podczas spotkania ze skrzypaczką wychowaną przez matkę tygrysicę. Ja w trzeciej klasie na lekcji muzyki zostałem postawiony w kącie przez nauczyciela na zastępstwie, który uznał, że próbuję dezorganizować lekcję. Nie próbowałem. Po prostu w ogóle nie mam słuchu. I żadna matka tygrysica by tego nie zmieniła. Tak czy inaczej skrzypaczka i ja mieliśmy wygłosić wystąpienia na jakiejś imprezie w Londynie i zaczęliśmy rozmawiać o tym, jak różnie byliśmy wychowywani. „Kiedy byłam dzieckiem, moja matka zapytała, kim chcę być, kiedy dorosnę. Chcę być szczęśliwa – odpowiedziałam. – Nie bądź głupia, odpowiedziała moja matka. To mało ambitne". Potem usłyszałem, jak gra na skrzypcach. I był to najbardziej imponujący pokaz muzycznych umiejętności, jaki kiedykolwiek słyszałem.

Jestem pewien, że jej matka była szczęśliwa. Mam nadzieję, że ona również.

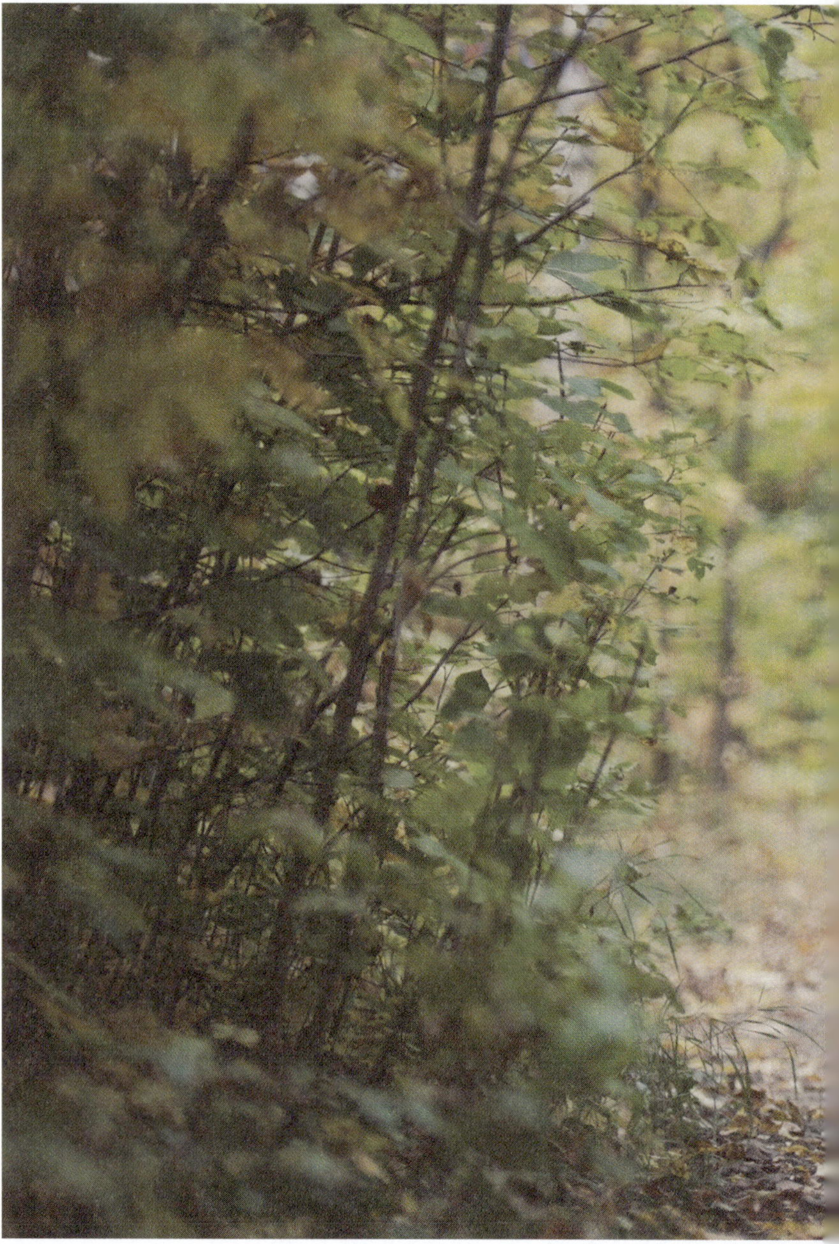

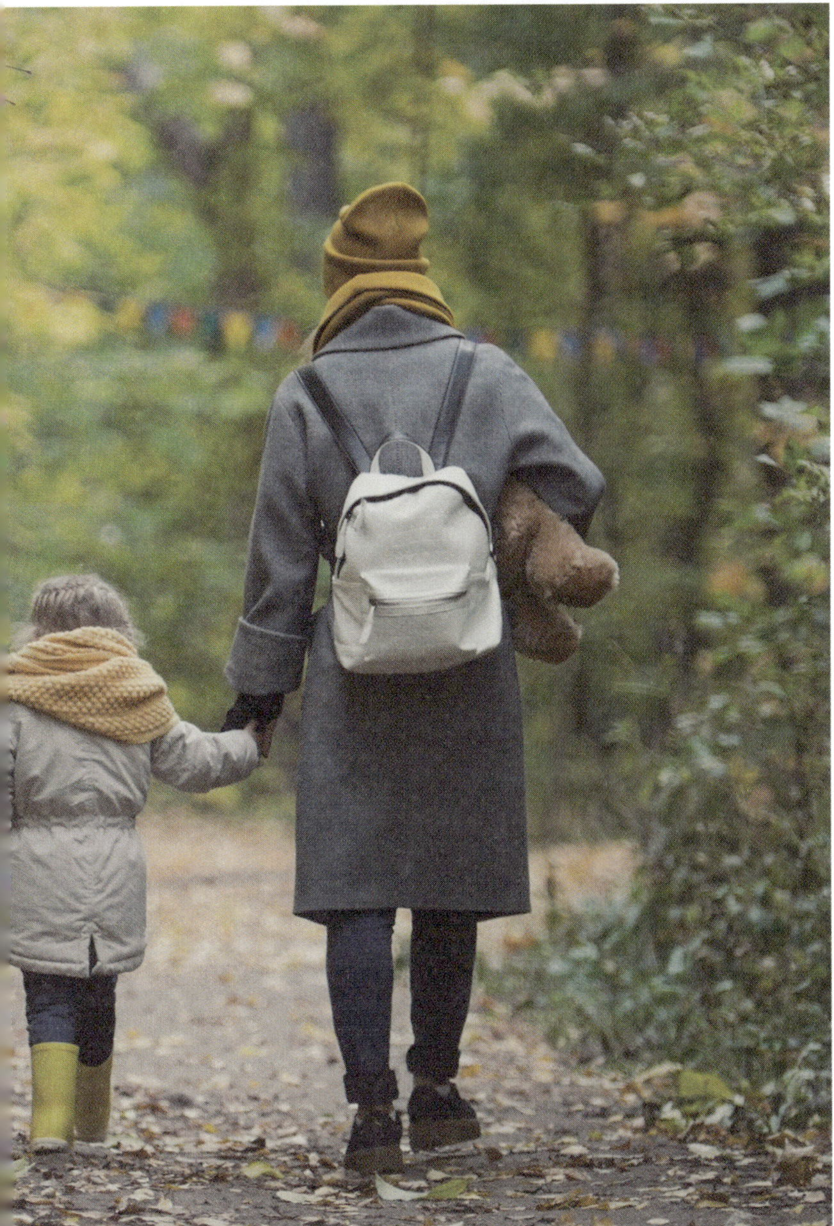

HIERARCHIA SIĘGAJĄCA PRZESTWORZY

W krajach, których obywatele cieszą się większą równością ekonomiczną, odsetek osób, które uważają, że większości ludzi można ufać, jest większy.

To samo dotyczy poszczególnych stanów USA: im stan bardziej egalitarny ekonomicznie, tym więcej jego mieszkańców ufa sobie nawzajem. Kiedy sobie ufamy, czujemy się bezpieczniej i mamy mniej powodów do obaw – i jesteśmy skłonni widzieć w innych współpracowników, a nie rywali.

Poziom zaufania nie jest stały i w takich krajach, jak Wielka Brytania czy Stany Zjednoczone spada. W ciągu półwiecza USA stały się zamożniejsze, lecz nierówności zwiększyły się jeszcze bardziej, powodując spadek zaufania.

Nierówności prowadzą do nieufności, rywalizacji, chowania urazy i złości. Zjawisko to szerzy się coraz bardziej na całym świecie i chociaż już przywykliśmy do efektu windy – bogaci i biedni wznoszą się i spadają razem – to obecnie biedniejsi czują się pozostawieni w tyle. W miarę wzrostu nierówności coraz więcej ludzi będzie czuć, że zostali odrzuceni, będą odczuwać lęk i gniew.

Zaraza nierówności została opisana w pracy Richarda G. Wilkinsona, profesora epidemiologii społecznej na Uniwersytecie Nottingham, i Kate Pickett, profesor epidemiologii na wydziale nauk o zdrowiu Uniwersytetu w York, zatytułowanej *Duch równości*. *Tam, gdzie panuje równość, wszystkim żyje się lepiej*. Duże nierówności osłabiają empatię, zaufanie i zdrowie, zarówno fizyczne, jak i psychiczne, a także prowadzą do eskalacji przemocy, do wyższych wskaźników przestępczości. Na skutek nierówności jest również coraz więcej osób otyłych i nastoletnich matek.

Sądzę jednak, że jednym z najciekawszych spośród przeprowadzonych ostatnio badań poświęconych wysiadaniu z windy jest to przeprowadzone przez Katherine DeCelles i Michaela Nortona, którzy zainteresowali się przypadkami tak zwanego *air-rage*.

Air-rage to niesforność lub agresja pasażerów samolotu, spowodowana fizjologicznym lub psychicznym stresem związanym z lotem. Obejmuje zachowania zagrażające załodze, zdejmowanie spodni i siedzenie aż do końca lotu w bokserkach. Ktoś próbował nawet dusić pasażera, który siedział przed nim, bo opuścił oparcie swojego fotela.

Dwoje profesorów – z Harvard Business School i z Uniwersytetu w Toronto – sprawdziło nie tylko, czy te zachowania były skorelowane – na przykład – z tym, ile pasażer miał miejsca, czy z tym, jak bardzo lot się opóźnił, ale także ze strukturą klasową w tym społecznym mikrokosmosie. Czyli, mówiąc inaczej, z nierównościami.

Odkryli, że nierówności fizyczne – istnienie kabiny pierwszej klasy – na pokładzie samolotu ma związek z awanturami w klasie ekonomicznej. Ryzyko, że siedzący za tobą pasażer zacznie cię dusić, jest niemal czterokrotnie większe, jeśli lecisz samolotem z pierwszą klasą. Według autorów badań to, że w samolocie znajduje się kabina pierwszej klasy, ma taki sam lub nawet większy wpływ na prawdopodobieństwo awantury na pokładzie jak dziewięcioipółgodzinne opóźnienie lotu.

Ale nie tylko pasażerowie lecący klasą ekonomiczną zachowują się źle. Ludzie należący do wyższej klasy społecznej, świadomi swojego statusu, z większym prawdopodobieństwem będą się zachowywać aspołecznie. Mniej współczują. I uważają, że mają do tego prawo. Czyli – użyjmy powszechnie przyjętego naukowego określenia: zachowują się jak dupki!

Co więcej – i to uważam za fascynujące – badania wykazały, że pasażerowie, którzy idąc do swoich miejsc, przechodzili przez pierwszą klasę, są bardziej skłonni wywołać awanturę.

Na pokład można wejść drzwiami przednimi, środkowymi lub tylnymi. Tylko wchodząc przednimi, przechodzi się przez pierwszą klasę. Widok darmowego szampana, w pełni odchylanych oparć i zadowolonych z siebie, uśmiechniętych pasażerów pierwszej klasy sprawia, że ludzie podróżujący klasą ekonomiczną są dwa razy bardziej skłonni do chwycenia kogoś za gardło.

Inne czynniki, na przykład rozmiary foteli, wydają się nie mieć znaczenia. Wyniki badań dowodzą, że żeby rozumieć zachowania aspołeczne i móc im przeciwdziałać, trzeba wziąć pod uwagę nie tylko sposób projektowania samolotów, biur i stref dla pasażerów, lecz także społeczne nierówności.

Pod wieloma względami Wielka Brytania jest na polu dobrostanu pionierem. Co roku w Sondażu Populacyjnym bierze udział 170 tysięcy gospodarstw domowych. Respondentom zadaje się cztery pytania dotyczące dobrostanu: Jak szczęśliwy czułeś się wczoraj?, Jak bardzo jesteś obecnie zadowolony ze swego życia?, Jak bardzo zaniepokojony czułeś się wczoraj? Czy masz poczucie, że to, co w życiu robisz, ma wartość? Pozwala to takim dziwakom jak ja zrozumieć, dlaczego niektórzy głosowali w referendum za Brexitem, a inni za pozostaniem w UE.

Według New Economic Foundation to, że ludzie nie czuli się szczęśliwi, miało duży wpływ na to, że głosowali za opuszczeniem UE. Największy rozdźwięk stwierdzono w takich miejscowościach, jak na przykład Blaenau Gwent w Walii, gdzie zdecydowana większość głosowała za wyjściem. W Cheshire East i Falkirk nierówności są najmniejsze i tam zdecydowana większość głosowała za pozostaniem w Unii. W dwudziestu miejscach, w których nierówności w kwestii dobrostanu są największe, 57 procent głosujących opowiedziało się za wyjściem, podczas gdy w 20 miejscach, w których nierówności są najmniejsze, tylko 43 procent.

Trzy miesiące przed referendum Światowy Raport Szczęścia wskazywał, że nierówności w kwestii dobrostanu wpływają na nasze samopoczucie bardziej niż nierówności w dochodach. Jak pokazały badania New Economic Foundation, nierówności w kwestii dochodów w ogóle nie miały związku z głosowaniem za wyjściem z UE, natomiast nierówności w kwestii dobrostanu – tak. Potwierdza to tezę, że nasze subiektywne odczucia odnośnie do własnego życia i porównywanie go z życiem innych to lepszy wskaźnik tego, czy ludzie są niezadowoleni i czy czują się odrzuceni. Stając wobec nierówności, czujemy gniew – i nie jesteśmy w tym odosobnieni: w istocie nierówność i niesprawiedliwość zmuszają nas do reakcji.

Nierówności w kwestii dobrostanu

POZWÓLMY IM JEŚĆ WINOGRONA

Gdybym miał robić coś innego niż to, co robię, chciałbym pracować dla Fransa de Waala. Jest prymatologiem i bada społeczne zachowania małp.

W książce *Polityka szympansów* de Waal dowodzi, że polityka jest starsza niż ludzkość – choć można odnieść wrażenie, że w ostatnich latach ludzcy politycy są coraz bardziej skłonni do obrzucania się nawzajem ekskrementami. Tym niemniej de Waal przekonuje, że silne reakcje na nierówności są po prostu naturalne.

De Waal badał, jak reagują na nierówności kapucynki. Łączył je w pary i dawał im to samo zadanie – miały mu podać kamień. W zamian za niego pierwsza małpa dostała kawałek ogórka. Była szczęśliwa i dalej podawała kamienie – do czasu, kiedy zobaczyła, że druga małpa dostaje za kamień winogrona, które dla małp są przysmakiem większym niż ogórki.

Pierwsza małpa spróbowała ponownie: obejrzała kamień, uderzyła nim o ścianę, podała go badaczowi i w zamian dostała kawałek ogórka. I wtedy zaczęła się złość. Uderzała w klatkę, waliła w podłogę i rzuciła ogórkiem w badacza.

Kiedyś napomknąłem swojemu bratu, że moglibyśmy sprawdzić wyniki de Waala, dając mojemu najmłodszemu bratankowi dwa czekoladowe biszkopty, a jego starszemu bratu jedngo. Od tamtego czasu z jakichś powodów już mnie nie prosi, żebym się zaopiekował jego dziećmi.

Wniosek z tego taki, że w krótkim czasie możemy podnieść poziom zaufania, trenując mięśnie empatii i ucząc dzieci współpracy zamiast rywalizacji, ale jest też coś, czym powinniśmy się zająć w dłuższej perspektywie. Tym czymś jest uświadomienie ludziom, że ich szczęście zależy nie tylko od tego, jak się powodzi ich rodzinie, ale też od tego, jak się czują dzieci sąsiadów. Uświadomienie im szlachetnej zasady, że każdy jest opiekunem brata swego i siostry swej, oni zaś są jego opiekunami. Społeczeństwa należy oceniać nie na podstawie sukcesów tych, którzy są pierwsi na mecie, ale na podstawie stosunku do tych, którzy upadli.

WSKAZÓWKA SZCZĘŚCIA:
TRENUJ MIĘŚNIE EMPATII

Czytaj beletrystykę i wychodź poza swój zwykły krąg towarzyski, żeby lepiej zrozumieć zachowania innych ludzi.

Postaw się w sytuacji innych i sięgnij po jakąś powieść. Na przykład po *Zabić drozda* Harper Lee, po *Wielkiego Gatsby'ego* Scotta Fitzgeralda czy *Grona gniewu* Johna Steinbecka. Szukaj mieszanego towarzystwa, wyjdź poza stały krąg znajomości. Odwiedzaj miejsca, gdzie ludzie głosują całkiem inaczej niż ty. Jeśli się wsłuchasz w ich historie, być może odkryjesz, że w ich sytuacji dokonałbyś podobnych wyborów. Nie jesteśmy tak bardzo różni. Po prostu startujemy z różnych punktów. Łatwo przestać słuchać i odrzucić tych, z którymi się nie zgadzamy, bo są ignorantami, złymi ludźmi i naszymi wrogami. Jeśli jednak zaczniemy ich słuchać, może dowiemy się, że wrogami są nierówności, nieuczciwość i niesprawiedliwość, a empatia, zaufanie i współpraca pozwolą nam pójść do przodu.

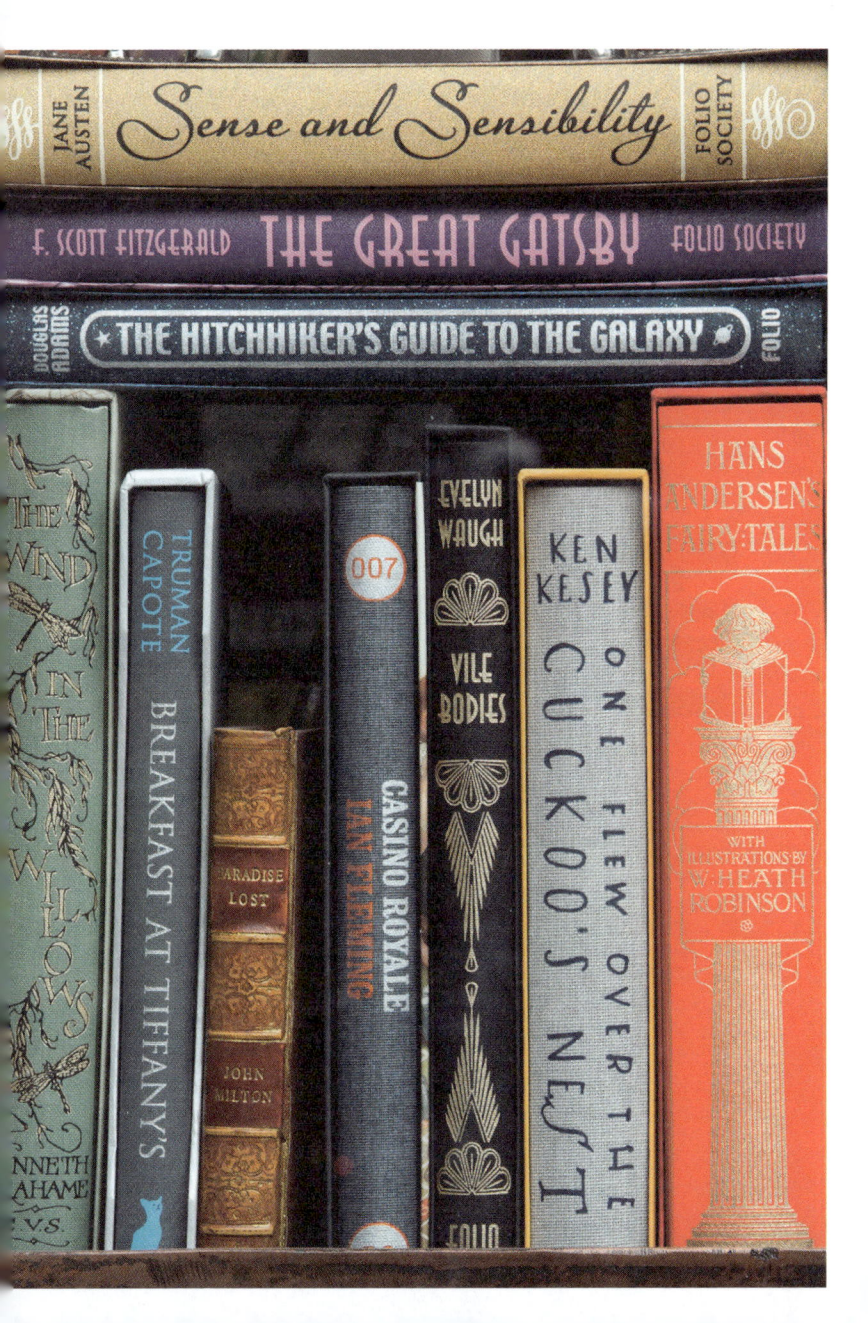

- Jane Austen — *Sense and Sensibility* (Folio Society)
- F. Scott Fitzgerald — *The Great Gatsby* (Folio Society)
- Douglas Adams — *The Hitchhiker's Guide to the Galaxy* (Folio)
- Kenneth Grahame — *The Wind in the Willows*
- Truman Capote — *Breakfast at Tiffany's*
- John Milton — *Paradise Lost*
- Ian Fleming — *Casino Royale* (007)
- Evelyn Waugh — *Vile Bodies* (Folio)
- Ken Kesey — *One Flew Over the Cuckoo's Nest*
- *Hans Andersen's Fairy Tales* — with illustrations by W. Heath Robinson

ZAUFANIE

Eksperyment ze zgubionym portfelem
Helsinki, Finlandia: Badacze „zgubili" portfele w różnych miastach. W każdym było nazwisko, numer telefonu komórkowego, rodzinne zdjęcie, kupony, wizytówki i równowartość pięćdziesięciu dolarów. W Helsinkach 92 procent portfeli zostało zwróconych ze wszystkimi pieniędzmi. Więcej na stronach 204–205.

Doświadczenie równoległych narracji
Izrael i Palestyna: Forum Rodzinne Kręgu Rodziców to organizacja palestyńskich i izraelskich rodzin, które straciły krewnych w wyniku konfliktu. Doświadczenie równoległych narracji ma pomóc obu jego stronom zrozumieć osobiste i narodowe motywacje drugiej strony. Członkowie Forum spotykają się regularnie, żeby się wzajemnie zrozumieć i skłonić swoje społeczności do okazywania sobie szacunku.

Współpraca i empatia, akcja odgrywania ról
Østerskov, Dania: w *efterskole* w Østerskov dzieci uczą się, odgrywając różne role: spędzają tydzień w starożytnym Rzymie albo na Wall Street. Nauczyciele zauważyli, że na przykład dzieci z zespołem Aspergera szybciej uczą się w ten sposób umiejętności społecznych i radzenia sobie w sytuacjach społecznych.

Od więziennych strażników do panów własnego życia

Singapur: Skupiając się na współpracy i resocjalizacji, Singapurska Służba Więzienna zmieniła więzienia w szkoły życia. Funkcjonariuszom polecono załatwiać sprawy więźniów w wytypowanych oddziałach. Mieli pełnić rolę mentorów i doradców. Więźniowie mogli sami podejmować decyzje, o ile mogły im one pomóc zmienić coś na lepsze. Wyniki są imponujące: poprawiło się morale personelu, bezpieczeństwo, polepszyły relacje więźniów z resztą społeczeństwa. Liczba więźniów dopuszczających się recydywy zmniejszyła się w ciągu dziesięciu lat z 44 do 27 procent.

Fundacja Malarska Faweli

Rio de Janeiro, Brazylia: W fawelach Rio de Janeiro artyści dokonali małej, ale znaczącej rewolucji. Ich podstawową bronią są pędzel i kolorowe farby. Malują domy w kolory tęczy – to akcja otwarta dla wszystkich. Mieszkańcy robią to razem, nikt nie musi się czuć wyłączony. Artystom pomaga miejscowa młodzież. Wszyscy wybierają kolory, malują i razem się bawią. Turystów i miejscowych wita nowy, odmieniony świat. Jasny, kolorowy i dumny. To już nie są tylko budynki. Mieszkańcy z dumą nazywają je swoimi domami i pokazują, że mają światu do zaoferowania więcej, niż mógłby oczekiwać.

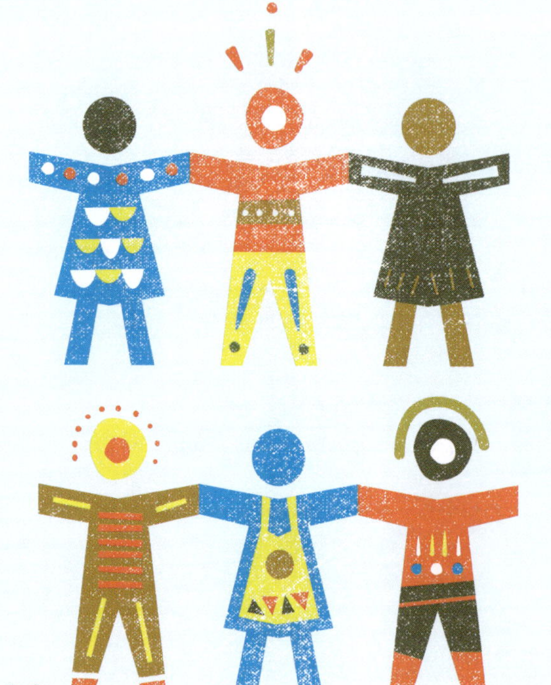

ROZDZIAŁ ÓSMY

ŻYCZLIWOŚĆ

ŻYCZLIWOŚĆ

Clark jest jedną z najbardziej inspirujących osób, jakie dane mi było spotkać w trakcie moich podróży. Tak naprawdę nie ma na imię Clark, jego tożsamość jest tajemnicą, ale jest prawdziwym superbohaterem.

Clark leci z Timem samolotem. Siedzi w fotelu obok niego, bo Tim boi się latać. Wspierał Anthony'ego, kiedy ten walczył o wprowadzenie udogodnień dla niepełnosprawnych w londyńskim metrze. Sprawił, że zagubiona karta pamięci wróciła do właściciela, i próbował naprawić relacje syna i ojca, którzy stracili ze sobą kontakt. Wszyscy oni byli mu zupełnie obcy.

Tajna moc Clarka to życzliwość. Znany jest też jako facet, który za darmo pomaga ludziom.

THE FREE HELP GUY

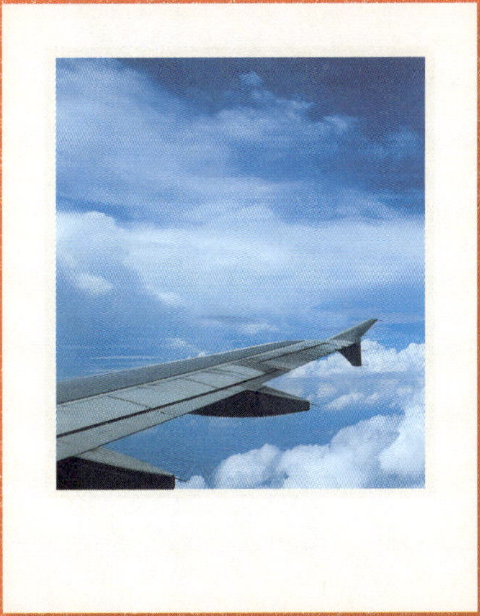

„Chyba wszyscy w młodości marzymy o tym, żeby zmienić świat. Kiedy zbliżałem się do trzydziestki, codziennie razem z tysiącami innych ludzi dojeżdżałem do pracy i wysiadałem na stacji Oxford Circus. Miałem dobrą pracę, ale wiedziałem, że na pewno nie zmienię świata".

„W pewnym momencie moje życie wydało mi się całkowicie pozbawione sensu. Jeździłem do pracy, pracowałem, walczyłem. Czułem się w tym wszystkim nieco zagubiony. Wyobraziłem sobie siebie za pięć lat, robiącego dokładnie to samo. I uznałem, że to nie ma sensu. Więc odszedłem z pracy".

Clark postanowił nie pracować przez najbliższe pół roku. Miał nadzieję, że tych sześć miesięcy go wzbogaci, chociaż nie miał na myśli pieniędzy.

Przez pierwszy tydzień oglądał *Breaking Bad*. Potem zamieścił w sieci ogłoszenie: „Jeśli potrzebujecie pomocy, chętnie pomogę. Za darmo – szczególnie jeśli wasze potrzeby są zabawne, inne i moralnie uzasadnione. TheFreeHelpGuy".

„Postanowiłem pomagać ludziom, ale moja pomoc miała mieć charakter osobisty. Chciałem też mieć pewną swobodę działania".

Pierwsze zgłoszenie nadeszło od Jill i Richarda. Mieszkali w Plymouth, na wschodnim wybrzeżu Anglii. Rok wcześniej przyjęli pod swój dach bezrobotnego mężczyznę, który właśnie znalazł pracę i wynajął mieszkanie. „Możesz pomóc nam znaleźć kolejnego lokatora?".

Napisał też do niego Vince, menadżer IT, który pragnął zostać hipnotyzerem i potrzebował królika doświadczalnego. Sophie pytała, jakie imię ma nadać swojemu synkowi. Clark zaproponował Zeusa. Rodzice go nie posłuchali.

Potem z prośbą o pomoc zgłosiła się Jill ze Stanów Zjednoczonych. Chciała, żeby Clark pomógł jej mężowi, Ianowi, odnaleźć ojca, Franka, mieszkającego w Wielkiej Brytanii. Okazało się, że Frank umarł już jakiś czas wcześniej. Clark musiał zadzwonić do Iana, całkowicie obcego człowieka, i przekazać mu tę smutną wiadomość. Nie było szczęśliwego zakończenia, ale przynajmniej wszystko się wyjaśniło.

Była też Margot, młoda dziewczyna chora na białaczkę. Szukała dawcy szpiku. Clark zorganizował osiemdziesięcioosobową grupę, która rozdawała ulotki przy przychodniach. Margot znalazła dawcę, ale dziesięć miesięcy później umarła.

Pomaganie ludziom, poznawanie ich historii, marzeń i nadziei daje satysfakcję, ale bywa też bolesne. Ktoś, kogo poznajemy, staje się nam bliski. Razem z nim przeżywamy jego zwycięstwa i porażki. Życie jest skomplikowane, a relacje trudne. Konsekwencje naszej pomocy bywają różne. Jeśli się zaangażujemy, to czasem będziemy też cierpieć.

Ale pomaganie nadaje życiu sens.

Eden miała dziewięć lat, kiedy Clark poznał ją i jej matkę, Trudy. Eden cierpiała na miokloniczne drżenie przepony, zwane niekiedy syndromem tancerki brzucha. Gwałtowne skurcze powodowały zaburzenia mowy, a czasem też napady padaczki. To szalenie rzadka dolegliwość, w Wielkiej Brytanii Eden była jedyną osobą, u której ją zdiagnozowano. Specjalista, który mógłby jej pomóc, pracował w Colorado, w Stanach Zjednoczonych. Clark zorganizował zbiórkę pieniędzy, zainteresował sprawą prasę i udało mu się zdobyć cztery tysiące funtów potrzebne na przelot i pobyt w Colorado.

Kiedy spotkałem Clarka w 2015 roku, Eden czuła się już dobrze. A on był zadowolony. Nie przekładało się to na pieniądze, ale na pewno go uszczęśliwiało.

„Ludzie zakładają, że Londyn jest bardzo drogim miastem, więc trzeba skupić się na zarabianiu. Osobiście uważam, że zawsze można znaleźć czas na pomaganie innym". Co ciekawe, Clark bardzo często dostaje maile z pytaniem: „Czy można ci jakoś pomóc?". Ludzie chcą pomagać.

Pomaganie innym zmieniło życie Clarka. „Moje serce bije jak nigdy wcześniej. Nareszcie żyję. Dawanie czyni mnie szczęśliwym. To ja jestem tym, kto dzięki projektowi darmowej pomocy zyskał najwięcej" – mówi. Obecnie pracuje jako konsultant biznesowy, ale łączy pracę z pomaganiem i zamierza to robić już zawsze. Ma nadzieję, że kiedy jego zabraknie, znajdzie się ktoś, kto przejmie jego sposób na życie.

WSKAZÓWKA SZCZĘŚCIA:
BĄDŹ JAK AMELIA

Dawaj szczęście innym, okazując im życzliwość

W filmie *Amelia* skromna kelnerka pewnego dnia znajduje w swoim mieszkaniu blaszane pudełko z pamiątkami z dzieciństwa. Należało do chłopca, który kiedyś tam mieszkał. Odnajduje go i zwraca mu pudełko. Chłopiec jest już dorosłym mężczyzną. Na widok pudełka wzrusza się do łez, a Amelia postanawia, że będzie dalej uszczęśliwiać ludzi. Sprawia, że mężczyzna i kobieta nawiązują romans. Pomaga niewidomemu dojść do metra, opisując szczegółowo ulice, które mijają po drodze. Osobiście uważam, że świat potrzebuje więcej takich ludzi. A gdybyśmy tak wszyscy stali się superbohaterami życzliwości?

PIĘĆ AKTÓW ŻYCZLIWOŚCI NA BIEŻĄCY TYDZIEŃ

---

1. SPRAW KOMUŚ PREZENT, ZOSTAW GO NA PROGU.

2. DOWIEDZ SIĘ, JAK MA NA IMIĘ RECEPCJONISTKA, I WITAJĄC SIĘ Z NIĄ, ZWRACAJ SIĘ DO NIEJ PO IMIENIU.

3. PRZYGOTUJ DWA DRUGIE ŚNIADANIA, JEDNO KOMUŚ ODDAJ.

4. PODEJDŹ DO KOGOŚ, KTO STOI NA IMPREZIE SAM, I POROZMAWIAJ Z NIM.

5. POWIEDZ KOMUŚ KOMPLEMENT, ZRÓB TO TERAZ.

POZYTYWNE EMOCJE: CZYNIĄC DOBRO, CZUJEMY SIĘ DOBRZE

Chińskie przysłowie mówi:

> *Jeśli chcesz być szczęśliwy przez godzinę – zdrzemnij się. Jeśli przez cały dzień – jedź na ryby. Jeśli chcesz być szczęśliwy przez cały rok – pomóż komuś.*

Altruizm to troska o pomyślność innych i jeden z czynników, które pomagają zrozumieć, dlaczego niektóre kraje są szczęśliwsze od innych. Według Światowego Raportu Szczęścia z 2012 roku społeczeństwo nie jest szczęśliwe, jeśli jego członkowie nie okazują dużej dawki altruizmu.

Ale nie tylko społeczeństwo jako takie staje się dzięki altruizmowi bardziej szczęśliwe – szczęśliwy staje się każdy z nas. Przypomnijcie sobie, kiedy ostatnio zrobiliście coś dla kogoś obcego, nie po to, żeby coś zyskać, tylko żeby pomóc. Jak się wtedy czuliście?

Jeśli chodzi o mnie, to dałem komuś banana. Wracałem z zakupów i zatrzymałem się przed przejściem, na światłach. Obok mnie stała matka z dzieckiem, które było głodne i marudziło. Niemal odruchowo oderwałem banana z kiści, którą miałem w torbie, i podałem go jej: „Może da pani dziecku banana?". Rzadko spotykamy się z taką wdzięcznością. Ta kobieta była naprawdę szczęśliwa. Dziecko też. W takich sytuacjach mówimy o szczęściu afektywnym. To, że byłem szczęśliwy, było skutkiem tego, że komuś pomogłem.

Dobre uczynki poprawiają nam samopoczucie, wprawiają nas w stan upojenia, niemal jak morfina. Mamy w mózgach tak zwane jądro półleżące, *nucleus accumbens*. Jest ono częścią układu nagrody, a uaktywnia się w reakcji na jedzenie i seks.

Badania neurologiczne prowadzone przez Narodowy Instytut Zdrowia, podlegający amerykańskiemu Departamentowi Zdrowia i Usług dla Ludności, potwierdziły, że właśnie ta część mózgu reaguje, kiedy uczestnicy badania myślą o podarowaniu komuś pieniędzy czy w ogóle o dobroczynności. Innymi słowy jesteśmy zaprogramowani tak, żeby nastrój nam się poprawiał, kiedy robimy coś, co pozwala przetrwać naszemu gatunkowi. Współpraca służy przetrwaniu, więc podejmując ją, czujemy się dobrze.

WSKAZÓWKA SZCZĘŚCIA:
UCZCIJCIE DZIEŃ ŻYCZLIWOŚCI

Zbierz znajomych i zastanówcie się wspólnie, jak to zrobić.

Światowy Dzień Życzliwości został ustanowiony w 1998 roku przez Światowy Ruch Życzliwości, zrzeszający szereg organizacji narodowych. Jest obchodzony co roku 13 listopada. W Wielkiej Brytanii obchodzony jest też Narodowy Dzień Życzliwości. W tym roku przypadł 31 marca.

Zastanówcie się, czy nie utworzyć specjalnego zespołu, który pomagałby ludziom w potrzebie. Może ktoś tego dnia przebierze się za Supermana i będzie promować życzliwość. Możecie też napisać do kogoś, wobec kogo macie dług wdzięczności, i podziękować mu.

PODARUJ KOMUŚ SWÓJ CZAS

Pomagając innym, nie tylko poprawiamy sobie doraźnie nastrój. Altruizm generalnie nas uszczęśliwia i wpływa na to, jak oceniamy własne życie.

Ludzie pracujący jako wolontariusze są szczęśliwsi od innych, nawet jeśli uwzględnimy inne czynniki, takie jak status socjoekonomiczny. Rzadziej doświadczają depresji i lęków, częściej mają poczucie, że ich życie ma sens. Prawdopodobnie także dlatego, że ludzie, którzy są szczęśliwsi, częściej zostają wolontariuszami. Z drugiej strony dzięki temu, że są wolontariuszami, spotykają ludzi, którzy mieli w życiu mniej szczęścia od nich. A tym samym czują się wdzięczni za to, co mają. Robienie czegoś charytatywnie może też wpływać dobrze na nas samych.

Kiedy miałem dwadzieścia trzy lata, zgłosiłem się do Czerwonego Krzyża. Chciałem być konsultantem do spraw młodzieży. Podczas spotkania poinformowano nas o różnych możliwościach. Można było odwiedzać licea i rozmawiać z młodzieżą o ich problemach, uczyć empatii i tego, jak być dobrym słuchaczem. Była też inna grupa – zajmująca się PR-em i komunikacją. Początkowo optowałem dość głośno za pierwszą grupą, ale z czasem – ponieważ zainteresowanych było coraz więcej ludzi – zacząłem pozytywnie wypowiadać się o drugiej. Dziewczyna, która siedziała obok, nachyliła się do mnie. „Niech zgadnę – szepnęła – tak naprawdę chciałbyś się znaleźć w pierwszej grupie, ale bałeś się, że będzie za dużo chętnych, więc zacząłeś promować drugą. Świetnie to rozegrałeś". Od tamtego czasu minęło już piętnaście lat, a Frederikke i ja nadal się przyjaźnimy.

Z tej historii płyną dwa wnioski.

Pierwszy jest taki, że wolontariat umożliwia poznanie nowych ludzi, a drugi, że należy się zaprzyjaźniać z ludźmi, którzy potrafią nas przejrzeć. Badania potwierdzają moją tezę. Wolontariat rzeczywiście prowadzi do poszerzenia kręgu towarzyskiego i przysparza przyjaciół, co z kolei – mam nadzieję, że to już nikogo nie zaskakuje – wpływa na to, czy czujemy się szczęśliwi.

Pewnie także dlatego tak wielu Duńczyków decyduje się na wolontariat. Obecnie 42 procent Duńczyków wykonuje bezpłatnie pracę na rzecz innych, a 70 procent robiło to w ciągu ostatnich pięciu lat. Tak przynajmniej mówią dane Duńskiego Instytutu Wolontariatu. To również sprawia, że Dania jest krajem szczęśliwych ludzi.

Oczywiście wciąż pozostaje pytanie: skoro życzliwość jest czymś tak wspaniałym, to dlaczego nie doświadczamy jej i nie okazujemy jeszcze częściej?

Z raportu opracowanego przez Jill Logę z norweskiego Instytutu Badań Społecznych wynika, że powodem może być fakt, że większość z nas myśli o wolontariacie jako o czymś, co robimy dla innych, nie dla siebie. Dlatego należy podkreślać osobiste zyski z takich działań – właśnie to, że w poznajemy w ten sposób ludzi i łatwiej nam docenić to, co mamy. Żeby zrobić coś dla innych, nie musicie od razu zostawać wolontariuszami: możecie pokazać dzieciakom, jak gra się w piłkę nożną, albo po prostu uśmiechać się do obcych na ulicy.

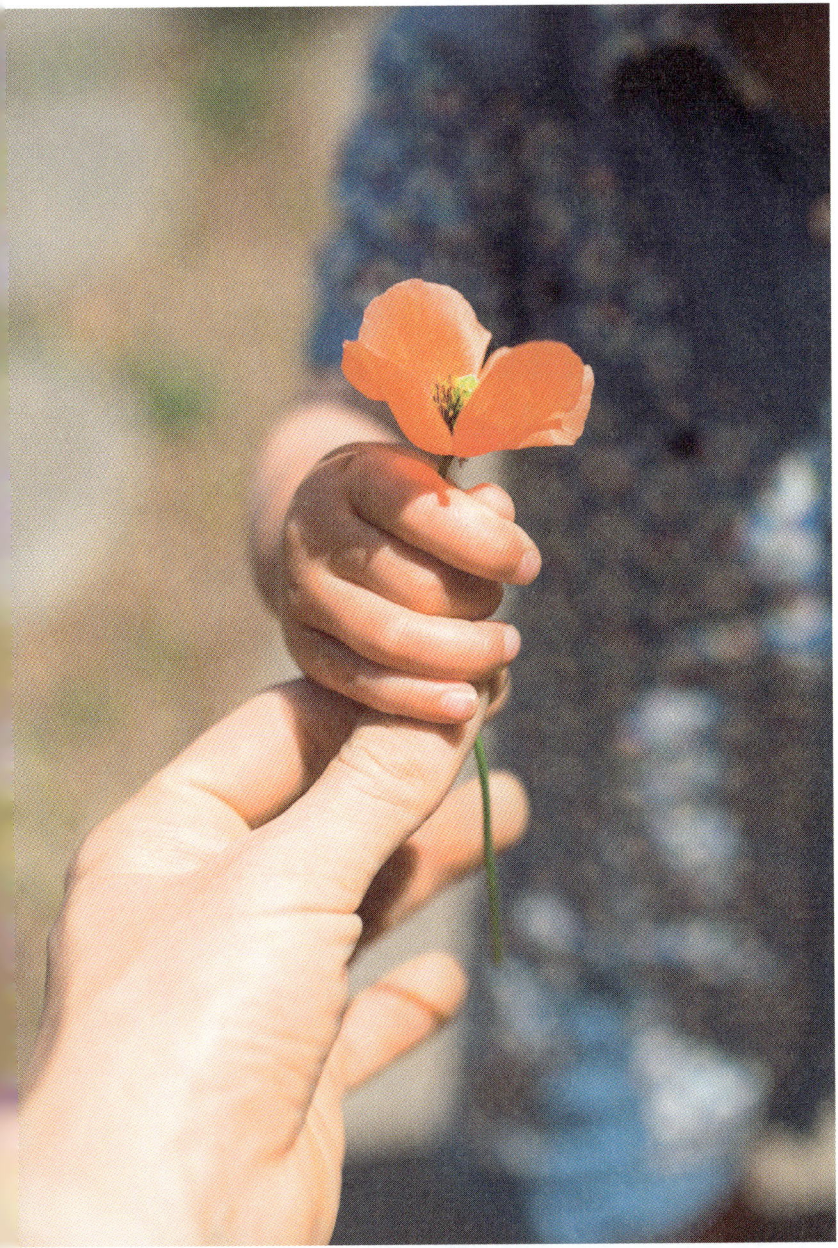

STUDIUM PRZYPADKU
SOPHIE

Kiedy teraz o tym myślę, wiem, że pewnie miałam depresję albo coś takiego.

W wyniku kryzysu finansowego etat Sophie został zlikwidowany. „Przywykłam pracować pełną parą. Uwielbiałam swoją pracę, ale miałam też wiele pomysłów na to, co mogłabym robić, gdybym miała więcej czasu. Ironia losu polegała na tym, że kiedy straciłam pracę, nie byłam w stanie wstać z łóżka".

Czuła się coraz bardziej zagubiona. Nie była już taka jak dawniej. „Moja praca była mną, a teraz ją straciłam. Moimi znajomymi byli moi koledzy z pracy. Ich też straciłam. No, może nie do końca, ale sytuacja była dziwna. Zwykle rozmawialiśmy o pracy. I nagle nie mogłam uczestniczyć w takich rozmowach".

Zaczęła się izolować. Najbardziej nie lubiła chodzić na przyjęcia, podczas których wszyscy rozmawiali o pracy i o tym, jak bardzo są zapracowani. „Rozmawiałam z kimś i tylko czekałam, kiedy padnie pytanie: A co ty robisz? Żeby do tego nie dopuścić, po prostu szybko się żegnałam".

„To się stało męczące". Potem nastąpił okres zwątpienia w siebie, jak to określiła.

Moja samoocena sięgnęła dna. To, że zostałam zwolniona, to jedno. Gorzej, że szukając nowej pracy, wciąż spotykałam się z odmową. Zwątpiłam w siebie. Zaczęłam się zastanawiać, czy nie było tak, że wcześniej po prostu udawałam, że coś potrafię, aż w końcu mnie przejrzano – i straciłam grunt pod nogami".

Minęło kilka miesięcy, a ona nadal nie miała pracy. Pewnej niedzieli zadzwoniła jej siostra. „Moja siostra jest wolontariuszką. Upiekła ciasta, miała je sprzedawać na wencie u siebie w domu, ale musiała pilnie zająć się synkiem". Spytała więc Sophie, która mieszkała w pobliżu, czyby jej nie zastąpiła.

„Już wcześniej zapraszała mnie na takie imprezy. Ale ja zawsze odmawiałam. Tego dnia poczułam, jakby wstąpiła we mnie dawna energia. Po raz pierwszy od dawna znów byłam sobą. Wcześniej zawodowo zajmowałam się organizowaniem imprez, więc czułam się jak ryba w wodzie".

„Przypomniałam sobie, kim byłam, i okazało się, że jednak coś potrafię. Impreza się udała, sprzedałam wszystkie ciasta – śmieje się Sophie. – I tak zaczęłam wracać do życia. Zostałam wolontariuszką. Nikt niczego od mnie nie żądał. Mogłam pracować we własnym tempie".

Potem Sophie wróciła do zawodu. Znów zajmuje się organizowaniem imprez: ktoś, kto był na tamtej wencie, dostrzegł, że ma talent, i zaproponował jej pracę. Ale nie porzuciła wolontariatu. „Stoję teraz na dwóch nogach. Częściej odwiedzam siostrę – no i zajadam się ciastami".

WSKAZÓWKA SZCZĘŚCIA:
WOLONTARIAT

Zastanów się, jak możesz pomagać innym. Ułatwisz życie społeczności i odnajdziesz sens własnego życia.

Nie jest ważne, czy pomagasz od czasu do czasu, czy regularnie. Każda pomoc jest dobra i każda służy społeczności. Zyskujesz zaufanie innych, uczysz się nowych rzeczy i spotykasz ludzi, którzy mogą zostać twoimi przyjaciółmi.

Możesz pomagać na różne sposoby. Połącz pomaganie ze swoimi zainteresowaniami:

- Pasjonujesz się polityką? Zgłoś się do siedziby partii, którą popierasz, i zaproponuj, że coś dla nich zrobisz.
- Powinieneś poćwiczyć wystąpienia publiczne? Zatrudnij się jak instruktor, zdobędziesz doświadczenie.
- Chcesz się czegoś dowiedzieć o innych kulturach? Zostań doradcą ekspata.
- Lubisz przyrodę? Organizacje ekologiczne chętnie skorzystają z twojej pomocy, na przykład przy konserwowaniu szlaków turystycznych.
- Potrzebujesz treningu? Zostań trenerem.
- Czujesz się niepewnie, występując przez publicznością? Skontaktuj się z organizacją, która organizuje imprezy dla ludzi starszych.

Sprawdzaj strony z informacjami o wolontariatach. W Wielkiej Brytanii wiele propozycji znajdziesz na do-it.org. To szansa dla setek tysięcy ludzi, żeby podarowali swój czas innym i jednocześnie udoskonalili swoje umiejętności.

Nadal nie jesteś zdecydowany? Więc po prostu spróbuj. Zabierz ze sobą przyjaciela. A może znajdziesz kogoś na miejscu.

KRAJ WIECZNIE NIESZCZĘŚLIWYCH LUDZI?

Ponieważ Dania zwykle dobrze wypada w różnych rankingach szczęścia, można by się spodziewać, że Duńczycy zawsze chodzą z błogim uśmiechem na ustach.

To nieprawda. Duńczycy i Dunki często bywają podejrzewani o to, że cierpią na syndrom REF, *Resting Bitch Face*, co znaczy, że wyglądają na wiecznie niezadowolonych. Często też zarzuca się im, że wyglądają jak zombie. Mimo że są szczęśliwi, nie zawsze wyglądają miło i przyjaźnie.

Wielu Duńczyków mówi, że kiedy wyjeżdżają na wakacje za granicę, zauważają, jak często ludzie się uśmiechają. A jednocześnie Londyńczycy mówią mi, że według nich to właśnie Duńczycy są zawsze uśmiechnięci. Kto ma rację? Czy Duńczycy uśmiechają się więcej, czy mniej niż inni?

Chcąc odpowiedzieć na to pytanie, trzy lata temu zacząłem zbierać dane na ten temat. Kiedy odwiedzałem jakieś miasto, zwracałem uwagę na to, jak często ludzie się uśmiechają. W Instytucie Badań nad Szczęściem mamy obecnie ponad trzydzieści tysięcy danych na ten temat z ponad dwudziestu miast na całym świecie. Tak naprawdę to takie nasze drogie hobby. Pytanie brzmi: czy w ogóle można zmierzyć częstotliwość uśmiechania się? Zwykle kiedy odwiedzam jakieś miasto, robię to, co wy też pewnie robicie. Siadam sobie w kawiarni, zamawiam filiżankę kawy i patrzę na ludzi.

Wybieram przypadkowe osoby. Inaczej moją uwagę przykuwałyby atrakcyjne kobiety w jasnych sukienkach albo ludzie głośno rozmawiający. Dlatego narzucam sobie pewien rygor. Na przykład postanawiam, że skupię się na pierwszej osobie, która się wyłoni zza rogu, albo na pierwszej, która nastąpi na pokrywę studzienki kanalizacyjnej.

Po pięciosekundowej dyskretnej obserwacji – osoba obserwowana nie powinna niczego zauważyć – zapisuję, czy się uśmiechnęła, czy nie. Notuję też płeć, wiek, to, czy ten ktoś jest sam, czy z kimś, i co robi: pije kawę, rozmawia przez telefon, ma przy sobie psa, i tak dalej.

Obserwowałem tysiące ludzi zajmujących się swoimi sprawami, setki rozmawiających przez komórki, dziesiątki trzymających się za ręce i jednego faceta dłubiącego w nosie.

Z notatek zebranych podczas liczenia uśmiechów, można też wyczytać wiele innych rzeczy. Na przykład włoskie pary są bardziej skłonne do trzymania się za ręce, i to niezależnie od wieku. Meksykanie częściej coś przegryzają, a w Paryżu i Vancouverze częściej niż w innych miastach spotyka się osoby wyprowadzające psy.

Największym wyzwaniem jest wyłowienie z tłumu miejscowych, oddzielenie ich od turystów. Facet z kamerą i mapą w ręku, który wygląda na zagubionego, prawdopodobnie nie jest miejscowy. Natomiast kobieta z torbą pełną warzyw przechodząca przez plac przed katedrą w Mediolanie i nawet niepodnosząca głowy na pewno jest.

Więc jak to jest? Czy Duńczycy uśmiechają się częściej niż inne nacje? Nie, mieszkańcy Mediolanu uśmiechają się równie często, a mieszkańcy Malagi nawet częściej. Mieszkańcy Kopenhagi uśmiechają się za to częściej niż mieszkańcy Nowego Jorku, Marrakeszu i Warszawy. Uśmiecha się średnio 12,7 procenta mieszkańców Kopenhagi, nieco poniżej 2 procent mieszkańców Nowego Jorku. Uśmiecha się jeszcze więcej mieszkańców Malagi – prawie 14 procent.

Oczywiście wszystko to należy potraktować z pewną rezerwą. Ważne jest też, czy ludzie są sami, czy w towarzystwie. Kiedy są sami, uśmiechają się rzadziej, i dotyczy to mieszkańców wszystkich miast, w których prowadziłem obserwacje.

Istnieje wyraźna korelacja między tym, czy ludzie idą sami, czy w towarzystwie, a tym, jak często się uśmiechają. W Nowym Jorku, Seulu i Rydze w ciągu dnia ludzie chodzą po ulicach sami. Jedynie jedna na pięć osób idzie w towarzystwie kogoś innego. W tych miastach ludzie uśmiechają się najrzadziej. Na drugim krańcu są miasta „uśmiechnięte", takie jak Malaga i Mediolan. Tam ludzie częściej spędzają czas w większym gronie.

Dlatego ważne jest, w którym miejscu w mieście dokonujemy obserwacji. Więcej uśmiechów odnotujemy w Regent's Park, gdzie przyjaciele i rodziny spacerują razem, niż na zatłoczonym Strandzie w centrum Londynu.

Jak często ludzie się uśmiechają na ulicy?

1	2	3
Malaga	Mediolan	Kuala Lumpur
13.9%	**12.7%**	**12.5%**

Kopenhaga: **12.7%**

Madryt: **9.5%**

Montreal: **9.5%**

Guadalajara: **9.2%**

Sztokholm: **9.2%**

Lizbona: **7.7%**

Ryga: **7.1%**

Marrakesz: **6.8%**

Vancouver: **6.8%**

Warszawa: **6.2%**

Paryż: **5.1%**

Helsinki: **4.7%**

Seul: **4.7%**

Amsterdam: **4.4%**

Londyn: **4.3%**

Dublin: **4%**

Lille: **3.3%**

Nowy Jork: **1.4%**

Źródło: Instytut Badań nad Szczęściem.

Uwarunkowania kulturowe też odgrywają pewną rolę. W niektórych krajach ludzie uśmiechnięci uznawani są za milszych, życzliwszych, a nawet bardziej atrakcyjnych, podczas gdy w innych za zdecydowanie mniej inteligentnych.

Grupa naukowców pod kierownictwem Jakuba Krysia, psychologa z Polskiej Akademii Nauk, badała, w jaki sposób w różnych kulturach odbiera się ludzi uśmiechniętych. Poproszono 4519 osób reprezentujących czterdzieści cztery różne kręgi kulturowe o oddzielenie zdjęć osób uśmiechniętych od zdjęć osób nieuśmiechniętych, a następnie ocenienie, czy osoby te są szczere i inteligentne.

W krajach wymienionych po lewej stronie lewej czerwonej linii ludzi uśmiechniętych uważa się mniej inteligentnych, w krajach wymienionych po prawej stronie prawej czerwonej linii – za bardziej inteligentnych.

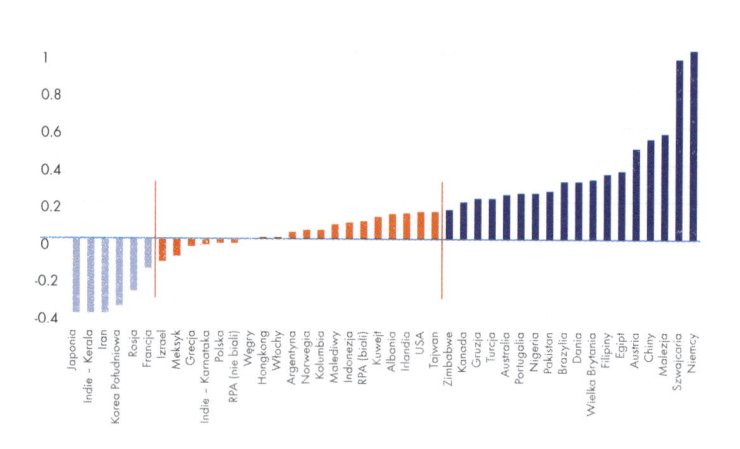

Źródło: Jakub Kryś i in., Be Careful Where You Smile: Culture Shapes Judgement of Intelligence and Honesty of Smiling Individuals, *Journal of Nonverbal Behavior, 2016.*

Naukowcy stwierdzili, że w Niemczech, Szwajcarii i Malezji ludzie uśmiechnięci są odbierani jako znacznie inteligentniejsi niż ci, którzy się nie uśmiechają, podczas gdy w Japonii, Korei Południowej i Rosji ludzie uśmiechnięci są odbierani jako mniej inteligentni. Podobno istnieje nawet rosyjskie przysłowie, które mówi, że śmianie się bez powodu jest oznaką głupoty.

WSKAZÓWKA SZCZĘŚCIA:
UŚMIECHAJ SIĘ DO OBCYCH I ROZMAWIAJ Z NIMI

Rozdawaj uśmiechy, mów przyjemne rzeczy. To nic nie kosztuje.

Rozmawiaj z ludźmi. Ucinaj sobie z nimi pogawędki. Nie szczędź komplementów. Amerykanie posiedli tę sztukę, Duńczycy mają z tym problem.

Sam próbuję to robić, ale nie zawsze mi się udaje. Dwa lata temu wsiadłem do windy na uniwersytecie kopenhaskim. Był w niej mężczyzna bardzo podobny do mnie, a na dodatek był podobnie ubrany: miał na nosie okulary, w ręce teczkę z brązowej skóry, granatowe spodnie, białą koszulę i brązowy blezer. Podobnie jak ja miał półdługie włosy, lekko przyprószone siwizną, czy jak kto woli: włosy w kolorze popielaty blond. Wyglądał jak mój sobowtór. Miał nawet łaty na łokciach.

– Pan też przyszedł na seminarium na temat bliźniąt? – spytałem.

– Nie.

To była moja najdłuższa podróż windą.

Czasem mimo naszych starań robi się niezręcznie. Czasem jednak się udaje i przez tych kilka sekund świat wydaje się lepszy. Może to być pierwszych pięć sekund dłuższej podróży w stronę lepszego świata. Pamiętajcie, że z czegoś małego powstaje niekiedy rzecz wielka.

ŻYCZLIWOŚĆ: JĘZYK, KTÓRY WIDZI NAWET ŚLEPIEC

Mark Twain napisał, że życzliwość to język, który słyszy nawet głuchy, a widzi nawet ślepiec. Robert Levine potraktował to dosłownie.

Pewnego dnia, kiedy miał sześć lat, zobaczył mężczyznę leżącego na środku pełnego ludzi chodnika w gwarnej części Nowego Jorku. Ludzie przechodzili obok niego, starając się za bardzo do niego nie zbliżać.

Wiele lat później w Mjanmie Robert znalazł się na zatłoczonym targowisku w Rangunie. Prażyło słońce, w powietrzu unosił się kurz, trudno było oddychać, a do tego niósł ciężką torbę. Potknął się i przewrócił. Natychmiast obstąpili go ludzie. Kupcy opuścili stragany, pospieszyli z wodą, podłożyli mu pod głowę koc i wezwali lekarza.

Dzisiaj Robert jest profesorem psychologii na uniwersytecie stanowym w Kalifornii. Prowadzi badania mające udzielić odpowiedzi na pytanie, co sprawia, że ludzie troszczą się o siebie, i dlaczego w różnych miejscach świata życzliwość jest pojmowana tak różnie. Przeprowadził trzy eksperymenty na zatłoczonych ulicach, żeby sprawdzić, jak bardzo jesteśmy życzliwi wobec obcych.

Eksperyment polegał na tym, że ludzie nagle znajdowali się w sytuacji, kiedy ktoś obcy potrzebował pomocy. Podczas eksperymentu z piórem pióro upadało na ziemię, a właściciel tego nie zauważał. Podczas eksperymentu z inwalidą kulejący człowiek z nogą w ortezie upuszczał czasopismo. Widać było, że trudno jest mu je podnieść. Podczas eksperymentu z niewidomym człowiek udający niewidomego zbliżał się do przystanku autobusowego przy ruchliwej ulicy i czekał, aż ktoś mu pomoże przejść przez jezdnię.

Badanie wykazało, że to, czy ludzie są skłonni pomóc, czy nie, zależy głównie od tego, czy na ulicy jest tłok. W tłumie ludzie nie czują więzi z innymi, nie czują się też odpowiedzialni za innych, a tym samym są mniej skłonni do pomocy. Badanie przeprowadzono w dwudziestu czterech miastach w Stanach Zjednoczonych. Najmniej skłonni do pomocy okazali się mieszkańcy Nowego Jorku, najbardziej – mieszkańcy Knoxville w stanie Tennessee.

Ale najbardziej życzliwi wobec innych okazali się mieszkańcy Rio de Janeiro. Bardziej niż mieszkańcy Kopenhagi, chociaż Rio de Janeiro ma dwanaście razy więcej mieszkańców niż stolica Danii. Zaciekawić może też to, że w Kopenhadze ludzie prędzej podnosili pióro niż pomagali niewidomemu przejść przez ulicę. Może dlatego, że Duńczycy cenią własną intymność – a może pióra? Wróćmy do tematu: musimy zadać sobie pytanie, dlaczego w Rio ludzie są tacy życzliwi.

WSKAZÓWKA SZCZĘŚCIA:
NIE PYTAJ, POMAGAJ

Oszczędź sobie wygłaszania formułki: daj znać, jeśli będziesz potrzebować pomocy. Sam wiesz, co należy zrobić.

Pewnego dnia, kiedy jeszcze chodziłem do liceum, wróciłem do domu i zobaczyłem, że nasz sąsiad Niels grabi żwir na podjeździe. Odruchowo wziąłem grabie i poszedłem mu pomóc. Nie miałem wątpliwości, że potrzebuje pomocy. Kiedy kilka lat później umarła moja matka, Niels i jego żona Rita zjawili się u mnie z zaproszeniem na kolację. Tak się żyło na naszej ulicy. Nie pytaliśmy, czy ktoś potrzebuje pomocy, tylko pomagaliśmy. Czasem nie należy pytać, trzeba po prostu pomóc.

W artykule opublikowanym w „American Scientist" psycholog społeczny Aroldo Rodrigues, kolega Levine'a ze stanowego uniwersytetu w Kalifornii, pisze, że różnice te mogą mieć źródło w języku i kulturze. „W Brazylii bardzo ważne jest słowo *simpático*. Odnosi się do szeregu pożądanych cech społecznych, a oznacza, że ktoś jest: przyjacielski, miły, ugodowy, pogodny. To ktoś, z kim miło spędza się czas. Brazylijczycy chcą być *simpático*. Częścią tego wizerunku jest też niesienie pomocy innym". To może wyjaśniać wysoki poziom życzliwości w hiszpańskojęzycznych miastach, takich jak: San José, Meksyk czy Madryt.

Badanie dowiodło też, że tam, gdzie ludzie chodzą szybko, zwykle proponuje się pomoc mniej uprzejmie. W Rio ktoś, kto podniósł pióro, szedł za jego właścicielem i mu je oddawał. W Nowy Jorku wołał, że ktoś zgubił pióro, i szedł dalej.

Ale według Roberta Levine'a bynajmniej nie płynie z tego wniosek, że nowojorczycy są z natury mniej życzliwi niż mieszkańcy Kalkuty. Ważne jest natomiast to, czego zostaliśmy nauczeni i jak się zachowujemy jako obywatele. W czasach kiedy coraz więcej ludzi przeprowadza się do miast, należy sobie zadać pytanie, co zrobić, żebyśmy wszyscy byli dla siebie życzliwsi, mimo że nasze miasta stają się coraz bardziej zatłoczone.

Skłonność do pomagania obcym

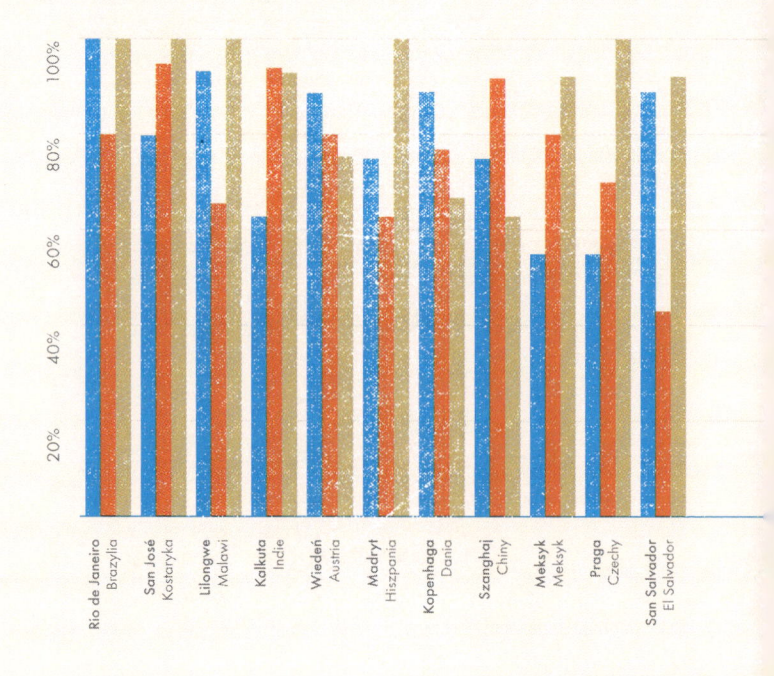

Źródło: Robert Levine: The Kindness of Strangers: People's Willingness to Help Someone during a Chance Encounter on a City Street Varies Considerably around the World, „Amercian Scientist", 2003.

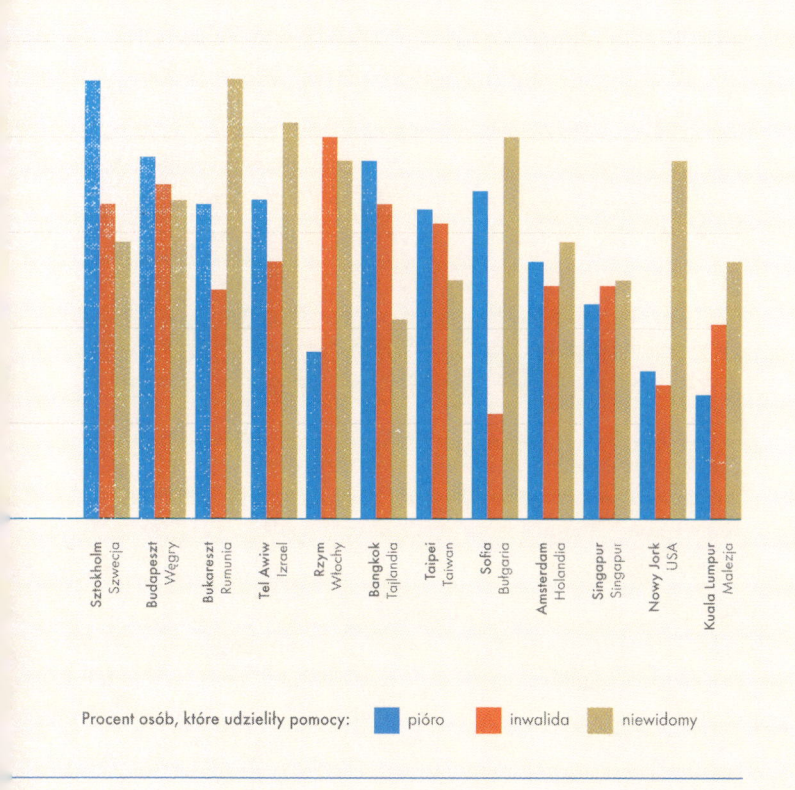

Miasto	pióro	inwalida	niewidomy
Sztokholm, Szwecja			
Budapeszt, Węgry			
Bukareszt, Rumunia			
Tel Awiw, Izrael			
Rzym, Włochy			
Bangkok, Tajlandia			
Taipei, Taiwan			
Sofia, Bułgaria			
Amsterdam, Holandia			
Singapur, Singapur			
Nowy Jork, USA			
Kuala Lumpur, Malezja			

Procent osób, które udzieliły pomocy: pióro, inwalida, niewidomy

CHOLERNIE SERDECZNI

Dania jest domem najszczęśliwszych ludzi na świecie. Pewnie uznacie, że skoro jesteśmy najszczęśliwi, to powinniśmy też być najbardziej serdeczni. A nie jesteśmy.

Lars jest synem Amerykanina i Dunki, jest też twórcą duńskiego ruchu Fucking Flink. *Flink* to po duńsku miły, serdeczny, sympatyczny.

W 2010 roku wydał książkę *Fucking Flink – How Do the Happiest People in the World Also Become the Fucking Friendliest?* To rodzaj manifestu serdeczności, mającego na celu sprowokowanie Duńczyków do bycia serdeczniejszymi na co dzień.

Bynajmniej nie namawia do powtarzania bez przerwy: proszę, dziękuję i co u ciebie? Chodzi mu o prawdziwą życzliwość wobec innych. Sam jest jednym z najmilszych ludzi, jakich kiedykolwiek poznałem. W ostatnich latach spotkaliśmy się kilka razy i zawsze wprawiał mnie w dobry nastrój.

Lars wierzy, że serdeczność prowadzi do jeszcze większej serdeczności. „Odkryłem, że jestem znacznie szczęśliwszy, kiedy zapominam o sobie i skupiam się na innych" – powiedział mi kiedyś. Podczas jednego z eksperymentów udawał, że jest parkingowym, ale zamiast wydawać kwity, wkładał drobne nagrody za wycieraczki samochodów dobrze albo choćby względnie dobrze zaparkowanych.

Dobrze wie, że jedna książka nie zmieni kraju brutalnych byłych Wikingów w mistrzów serdeczności, więc stworzył na Facebooku stronę, na której ludzie mogą się dzielić opowieściami o dobrych uczynkach.

Wszedłem do supermarketu na Rantzausgade w Kopenhadze i zauważyłem parę z synem, mniej więcej ośmioletnim chłopcem z zespołem Downa. Skończyłem wkładać zakupy do koszyka i podszedłem do kasy. Kasjerka stała obok, a na krześle siedział chłopiec z zespołem Downa i wielkim uśmiechem na twarzy. Skanował zakupy rodziców. Kiedy rodzice zapłacili, wręczył im paragon i przybił piątkę z kasjerką. Wyszedłem z uśmiechem. Byłem szczęśliwy, że istnieją tak „cholernie mili" ludzie, tacy, którym chce się coś robić dla innych.

To tylko jedna z tysięcy historii, które opisano na stronie. Wszystkie inspirują innych do czynienia dobra. Niektórzy podwożą innych do domu, dzieci dzielą się zabawkami z innymi dziećmi, jakiś rodzic opowiedział, jak siedząc w poczekalni u lekarza, znalazł pod krzesłem motek włóczki i druty z rozpoczętą robótką i przyczepioną kartką: ktoś zachęcał do dalszej pracy w trakcie oczekiwania na wizytę. I informował, że gotowy szalik zostanie przekazany komuś bezdomnemu.

W zeszłym roku Lars i jego zespół przeprowadzili pewien eksperyment. Chcieli zbadać skutki bycia miłym. W badaniu uczestniczyło 981 osób, podzielonych losowo na dwie grupy. Jedna była grupą kontrolną – jej członkowie mieli się zachowywać tak jak zwykle. Członkom drugiej zlecono, żeby codziennie przez cały tydzień starali się robić coś miłego. Potem zadano uczestnikom szereg pytań dotyczących ich samopoczucia. Wyniki dowiodły, że ludzie, którzy czynili dobro, mieli w sobie mniej złości, częściej się śmiali i mieli więcej energii.

Uczestnicy zapisywali swoje dobre uczynki. Pewna czterdziestoletnia kobieta napisała: „Kasjerka w markecie była bardzo zdziwiona, kiedy poczęstowałam ją *flødebolle*, piankowym ciasteczkiem pokrytym czekoladą. Ale przyjęła je i podziękowała. Kiedy wyszliśmy ze sklepu, moje dzieci, w wieku sześciu i dziesięciu lat, powiedziały: „To było fajne, mamo, możemy to powtórzyć?". Mam wrażenie, że dałam początek czemuś dobremu".

Lars nie jest jedynym człowiekiem, który próbuje uczynić świat lepszym. W Wielkiej Brytanii Akcja dla Szczęścia promuje życzliwość jako klucz do szczęśliwszego życia, a w Stanach Fundacja Czynienia Dobra zachęca ludzi, żeby zostali jej aktywistami, ambasadorami życzliwości. Mam wrażenie, że większość z nas jest gotowa pomagać, tylko nie zawsze wiemy jak. No i – podobnie jak Clark – chcielibyśmy, żeby nasza pomoc była czymś osobistym.

Mogą nam w tym pomóc różne organizacje. Be My Eyes (Bądź moimi oczami) to duńska aplikacja łącząca ludzi niewidomych i słabowidzących z ludźmi widzącymi z różnych zakątków świata. Jest darmowa i dostępna dla wszystkich. Dzięki niej można kogoś spytać, czy w puszce jest kukurydza, czy fasola. Ten, kto chce pomóc, wszystko wytłumaczy, określi kolor, pomoże znaleźć to, co zginęło, i powie, czy światła zostały zgaszone.

Aplikacja działa w stu pięćdziesięciu krajach. Korzysta z niej ponad trzydzieści pięć tysięcy ludzi niewidomych i słabowidzących, a pomaga im ponad pół miliona ludzi widzących. Innymi słowy na każdą osobę potrzebującą pomocy przypada czternaście osób gotowych jej udzielić. To najlepszy dowód na to, że ludzie chcą pomagać, tylko trzeba im to umożliwić: dostarczyć narzędzi i skontaktować z tymi, którzy są w potrzebie.

WSKAZÓWKA SZCZĘŚCIA:
ZOSTAŃ AKTYWISTĄ

Zacznij od drobnych uczynków

Zajrzyj na stronę www.randomactsofkindness.org i zostań członkiem Globalnej Wspólnoty Życzliwości albo zapisz się do organizacji, które działają w twojej okolicy, takich jak duński ruch Fucking Flink (www.fuckingflink.dk). Zacznij od drobnych rzeczy: powiedz komuś – szczery – komplement, pomóż turyście znaleźć drogę, pożycz komuś książkę, która ci się spodobała. Jeśli masz kogoś, kto dużo dla ciebie znaczy, powiedz mu to.

SERDECZNOŚĆ

The Free Help Guy
Londyn, Wielka Brytania: anonimowy mężczyzna, który pomoże wam niemal we wszystkim i za darmo – w zamian za szczęście. Czytaj strony 238-242.

Projekt wymiany prezentów
Hyderabad, Indie: Projekt łączy dzieci z bogatych i biednych szkół w pary. Dzieci wymieniają się własnoręcznie przygotowanymi prezentami, przełamując bariery społeczne.

Pomoc bezdomnym
Warszawa, Polska: Na jednym z warszawskich placów stoi komoda z szufladami, do których bezdomni mogą wkładać kartki ze spisem potrzebnych im rzeczy. Przechodnie mogą zostawić dla nich coś potrzebnego w szufladach.

Nakarmić najlepszego przyjaciela człowieka – i ograniczyć marnowanie jedzenia
Stambuł, Turcja: Chcąc ratować bezdomne psy od śmierci głodowej, turecka firma Pugedon wymyśliła automat, który w zamian za butelki wydaje karmę dla psów. Kiedy ktoś wkłada do niego butelkę, z szufladki na dole wylatuje porcja karmy. Miasto nie czerpie z tego żadnych zysków, a zwrócone butelki pokrywają koszt karmy.

Najmilsze twarze

Malaga, Hiszpania: Instytut Badań nad Szczęściem liczył uśmiechy na ulicach ponad dwudziestu miast na całym świecie. Pierwsze miejsce zajęła Malaga. Czytaj na stronie 256.

Najsympatyczniejsi obcy

Rio de Janeiro, Brazylia: Eksperymenty z piórem, które należało oddać właścicielowi, i niewidomym, któremu trzeba było pomóc przejść przez jezdnię, dowiodły, że najżyczliwsi są Brazylijczycy. Czytaj strony 260-261.

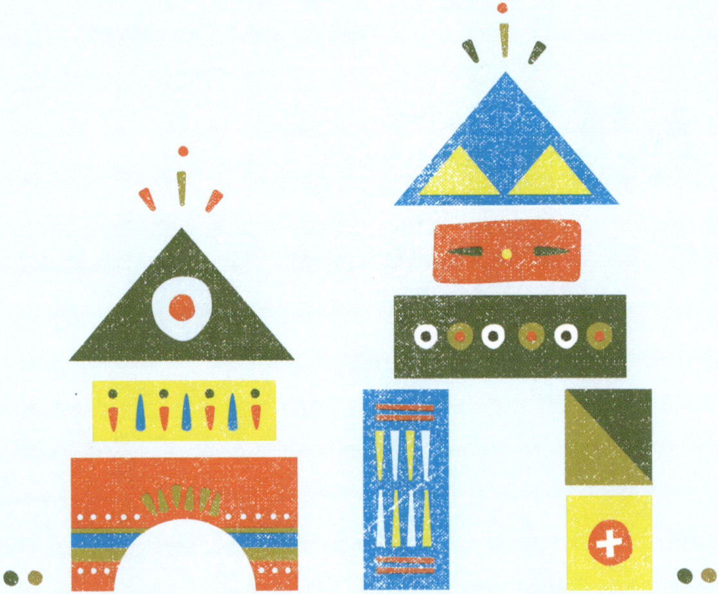

ROZDZIAŁ DZIEWIĄTY

—

WSZYSTKO RAZEM

WSZYSTKO RAZEM

≡

Uwielbiamy narzekać.

Wygłaszałem wykład we Francji, na Uniwersytecie Katolickim w Lille. Jeden ze słuchaczy stwierdził, że wie, dlaczego Francja zwykle zajmuje jedno z ostatnich miejsc w rankingach szczęścia. Powiedział, że Francuzi uwielbiają narzekać.

Odpowiedziałem, że moglibyśmy spróbować to zbadać, i spróbowałem wyobrazić sobie stosowny eksperyment. Można by było go przeprowadzić w najlepszym laboratorium na świecie: w Laboratoire d'Anthropologie Expérimentale, podając ludziom talerz nieposolonej zupy, i policzyć, ile talerzy zostanie zwróconych. Niestety takich badań nikt jak dotąd nie przeprowadził.

Kilka tygodni później pewien Estończyk powiedział mi, że Estonia to wspaniały kraj, ale jego mieszkańcy uwielbiają narzekać. Pół roku później spotkałem Portugalczyka. Powiedział, że jest Portugalczykiem, i od razu dodał, że Portugalczycy kochają narzekać.

Prawdę mówiąc, uważam, że powinno istnieć słowo na określenie radości z narzekania. Proponuję *Beschwerdefreude*, bo oczywiście musi to być słowo niemieckie. To przecież język niemiecki dał nam *Weltschmerz* (dosłownie: ból świata, smutek spowodowany stanem, w jakim znajduje się świat), a także *Schadenfreude* (radość, którą czerpiemy z cierpienia kogoś innego). W niemieckim jest też określenie na prezent, który się wręcza w ramach przeprosin:

BESCHWERDEFREUDE

RADOŚĆ Z NARZEKANIA*

*Nie do końca.

Drachenfutter – dosłownie karma dla smoka. Kiedy się starzejemy i zaczynamy czuć, że nasze możliwości się kurczą, odczuwamy *Torschlusspanik*. Jest też *Kopfkino*, dosłownie kino w głowie, czyli gotowy scenariusz na coś.

Dlaczego tak chętnie widzimy wszystko w ciemnych barwach? Może sądzimy, że w ten sposób wydamy się innym mądrzejsi? Teresa Amabile, profesor z Harvard Business School, autorka studium *Brilliant but Cruel*, prosiła ludzi, żeby ocenili inteligencję krytyków literackich. Posłużyła się recenzjami z „New York Timesa". Zmieniła je trochę i stworzyła dwie wersje: jedną przychylną, drugą nieprzychylną. Niekiedy wystarczało zmienić kilka słów, na przykład inspirujące na nieinspirujące, zdolny na niezdolny.

Oto fragment przychylnej recenzji: „Alvin Harter w swoim pierwszym, liczącym sto dwadzieścia osiem stron dziele prozatorskim objawia nam się jako młody, niezwykle zdolny amerykański pisarz. *A Longer Dawn* to robiąca duże wrażenie nowela, czy raczej poemat prozą. Opowiada o sprawach zasadniczych: o życiu, miłości, śmierci – z taką głębią, że każda strona jest popisem mistrza".

A teraz fragment recenzji nieprzychylnej: „Alvin Harter w swoim pierwszym, liczącym sto dwadzieścia osiem stron dziele prozatorskim objawia nam się niestety jako niezwykle mało utalentowany młody amerykański pisarz. *A Longer Dawn* to nierobiąca żadnego wrażenia nowela, czy raczej poemat prozą. Opowiada o sprawach zasadniczych: o życiu, miłości, śmierci – niestety bardzo nieprzekonująco. Książce brakuje głębi, nie czuje się ręki mistrza".

Połowa badanych przeczytała recenzję przychylną, połowa nieprzychylną, po czym poproszono ich, żeby ocenili kompetencje krytyków. Recenzje były niemal identyczne, tyle że jedna była przychylna, druga nie, ale badani uznali, że autor nieprzychylnej wersji jest o 14 procent inteligentniejszy i ma o 16 procent większą wiedzę niż autor tej drugiej. Prorocy zagłady wydają się mądrzejsi i bardziej przenikliwi – tak skomentowała wyniki profesor Amabile. Coś miłego może powiedzieć każdy. Żeby krytykować, trzeba mieć wiedzę.

Może więc narzekamy po to, żeby się wydać mądrzejszymi, a może to ewolucja każe nam skupiać się na tym, co negatywne czy złe. Gatunki, które lepiej zapamiętują to, co niebezpieczne, przetrwają z większym prawdopodobieństwem. Większość ludzi lepiej pamięta krytykę niż pochwały. Ja radziłem sobie w szkole dobrze, ale najlepiej zapamiętałem chwilę, kiedy wuefista stwierdził, że sportowcem nigdy nie będę.

> *... dlaczego skupiamy się na tym, co złe? A może nasze negatywne nastawienie to wyraz życiowej mądrości?*

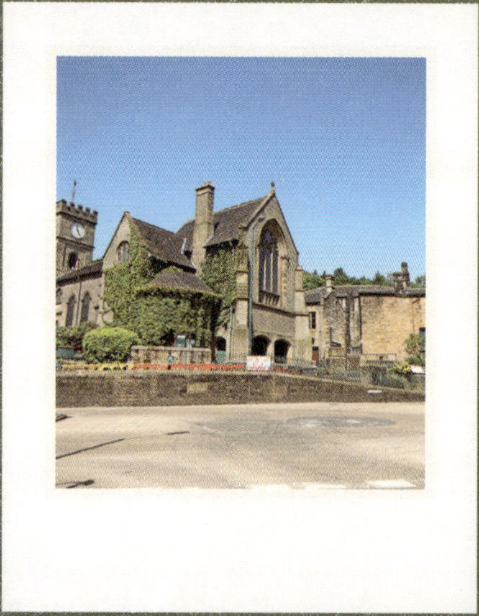

ZEBRAĆ I POŁĄCZYĆ RÓŻNE CZĘŚCI

Rozumiem, że niełatwo jest pamiętać o dobrych rzeczach i w ogóle skupiać się na tym, co pozytywne.

Tak więc to, czym się zajmuję, niektórym może się wydawać po prostu głupie. Dla mnie jednak głupotą jest nie zauważać, że życzliwość może uszczęśliwiać, a także że są ludzie, dla których ważne są wartości pozamaterialne, tacy, którzy właśnie w nich znajdują szczęście. Mamy coraz więcej dowodów na to, że jedno łączy się z drugim.

Życzliwość sprzyja zaufaniu i duchowi współpracy. Zakładanie wspólnego ogrodu służy zdrowiu i wzmacnia poczucie wspólnoty. Wolność pozwala nam ułożyć sobie życie tak, żeby to, czy jesteśmy szczęśliwi, nie zależało od tego, ile zarabiamy. Kiedy złożymy wszystkie fragmenty układanki, zrozumiemy, dlaczego niektórzy ludzie są szczęśliwsi niż inni. I może uda nam się nie tylko rozpocząć szczęśliwszy rozdział w naszym życiu, ale też stworzyć podstawy lepszego jutra dla przyszłych pokoleń.

W niektórych miejscach już to zrobiono – niekiedy świadomie, niekiedy przez przypadek. Jednym z takich miejsc jest Todmorden w Yorkshire. Do niedawna miejscowość ta niczym się nie wyróżniała. Mieszka tam pięćdziesiąt tysięcy ludzi, rewolucja przemysłowa nadeszła i minęła.

Ale jakieś dziesięć lat temu grupa mieszkańców zapoczątkowała inną rewolucję. Była wśród nich Pam Warhurst, bizneswoman i była przewodnicząca rady miejskiej.

„Zorganizowaliśmy spotkanie w kawiarni i zadaliśmy sobie pytanie, kto chce zmienić świat, stawiając na produkowaną w okolicy żywność? – powiedziała. – W spotkaniu uczestniczyło około sześćdziesięciu osób. Rozpoczęła się dyskusja, a potem ktoś wstał i stwierdził: po prostu to zróbmy. Postawmy na własne uprawy, dzielmy się zbiorami. Za jakiś czas znów się spotkamy, a teraz, zamiast pisać programy i sprawozdania, bierzmy się do pracy. Sala eksplodowała, a ja już wtedy wiedziałam, że coś z tego wyniknie. To był początek Incredible Edible, Niewiarygodnego Jedzenia".

Dzisiaj grządki z warzywami i drzewa owocowe wydają się zajmować każdy skrawek wolnego terenu w miasteczku. Są przed komisariatem i przed remizą straży pożarnej, obok parkingu, przy stacji kolejowej i przy cmentarzu. Tak, przy cmentarzu. Podobno ziemia jest tam nadzwyczaj urodzajna.

Korzystać z upraw mogą wszyscy – wszystko jest za darmo.

Każda szkoła ma własne warzywa i owoce. Dzieci wspólnie zakładały grządki, a teraz mają lekcje, na których uczą się hodowli warzyw. Zmienia się ich myślenie o jedzeniu i zdrowiu. Nazwałbym to propagandą ogrodnictwa. Mieszkańcom udało się znaleźć język, który połączył wszystkich, niezależnie od wieku, płci i kultury.

Jeść musimy wszyscy. W przypadku takich inicjatyw chodzi oczywiście o jedzenie, ale też o znalezienie płaszczyzny, która pozwoli nam wspólnie działać. Ludzie chcą coś robić. Tylko nie zawsze wiedzą, co by to mogło być.

W projekcie realizowanym w Todmorden może uczestniczyć każdy. Jego motto brzmi: „Jeśli jesz, to jesteś z nami". Niektórzy pielą grządki, inni projektują tabliczki z nazwami roślin, jeszcze inni gotują. Można być stałym uczestnikiem programu, można też włączać się tylko przy specjalnych okazjach, kiedy nagle potrzeba więcej rąk do pracy.

Projekt jako taki ma trzy aspekty: wspólnotowy, edukacyjny
i biznesowy. Aspekt wspólnotowy odnosi się do codziennego życia
mieszkańców. Edukacyjny polega na tym, że już w szkole dzieci uczą
się dzielić umiejętnościami, a poza tym uczą się od siebie. Aspekt
biznesowy to zarobione w ten sposób dodatkowe pieniądze, które
zwiększają poczucie bezpieczeństwa uczestników.

Powstało też coś, co nazwałbym turystyką warzywną. W sklepach
sprzedaje się więcej miejscowych produktów. 49 procent sklepikarzy
stwierdziło, że ich zysk netto się zwiększył. Zainicjowali kampanię
pod hasłem „Każde jajko się liczy", chcąc w ten sposób przekonać
ludzi do hodowania kur i sprzedawania jajek na miejscowym rynku.
Na początku kury hodowano w czterech gospodarstwach, obecnie
w ponad sześćdziesięciu.

Mieszkańcy Todmorden poradzili sobie bez układania specjalnych
strategii i bez dotacji od państwa, a ich inicjatywa zyskała
popularność nie tylko w Wielkiej Brytanii, ale i w innych krajach.

W ponad stu miejscach ludzie przestali widzieć w sobie jedynie klientów. Zaczęli się zachowywać jak obywatele. W ponad stu miejscach ludzie zastanawiają się, jak zmienić swoje otoczenie i życie. W ponad stu miejscach udowadniają to, co przewidziała antropolożka Margaret Mead:

> *Jestem przekonana, że nawet mała grupka zaangażowanych obywateli jest w stanie zmienić świat. Prawdę mówiąc, zawsze tak było.*

WSKAZÓWKA SZCZĘŚCIA:
BUDUJ KROK PO KROKU

Połącz pięć pozostałych czynników, które sprzyjają szczęściu, z życzliwością.

Teraz wiecie już, jak pomagać innym, jak okazywać życzliwość i czynić świat lepszym miejscem do życia – wasz świat, ale i świat innych ludzi. Połączcie życzliwość z pozostałymi pięcioma czynnikami, o których mówiliśmy. Na przykład bycie razem z życzliwością: zaproście na kolację kogoś, kto mieszka w okolicy od niedawna. Życzliwość z pieniędzmi: zastanówcie się, komu mogłoby się przydać dodatkowe dziesięć funtów. Zdrowie z życzliwością: weźcie udział w biegu w szlachetnym celu. Zafundujcie znajomym wolny wieczór: zaproponujcie, że zajmiecie się ich dziećmi albo ugotujecie im obiad, który będą mogli zamrozić i dzięki temu będą mieli czas dla siebie. Życzliwość z zaufaniem: okażcie życzliwość komuś obcemu, sprawcie, żeby odzyskał wiarę w dobro. Innymi słowy zacznijcie składać części układanki w całość.

BĄDŹ MOIMI OCZAMI

Celem tej książki nie jest umniejszenie wagi wyzwań, przed którymi stają dzisiejsi ludzie. Jestem boleśnie świadomy, że dla wielu czasy są ciężkie, a gra idzie o wysoką stawkę.

Tym bardziej nie stać nas dzisiaj na uciekanie w lęki, brak zaufania i cynizm. To nas nie przybliży do szczęścia.

Natomiast zaufanie, duch wspólnoty i troszczenie się o siebie nawzajem – tak. Pomoże nam uwolnić się od lęku, zachęci do okazywania życzliwości obcym. Pomóc w tym może też przeprojektowanie naszych miast tak, żeby sprzyjały naszemu zdrowiu i szczęściu. Uwolnijcie jakość życia od metki z ceną.

Teraz właśnie jest pora, żeby się rozejrzeć po świecie za dobrem, ale do tego potrzebna jest wasza pomoc.

Napisałem tę książkę, żeby was zabrać na poszukiwanie skarbów. Mam nadzieję, że wspólnie udało nam się otworzyć kilka nowych szkatułek ze złotem szczęścia. Ale też chyba zgadzamy się co do tego, że na pewno jest ich więcej.

Dlatego proszę: bądźcie moimi oczami w naszych dalszych wspólnych poszukiwaniach szczęścia. Pokażmy dobro, które istnieje, wydobądźmy je na światło dzienne. Zróbmy to razem.

Niech naszym hasłem przewodnim będzie: jeśli coś zauważysz, powiedz o tym. Jeśli zauważysz coś, co może uszczęśliwić ciebie, twoją wspólnotę albo w ogóle świat – rozgłoś to, mów o tym, napisz o tym, zrób o tym film – przekaż to dalej.

W Instytucie Badań nad Szczęściem śledzimy hasztag #Look4Lykke. Piszcie do nas o tym, co według was służy poprawie jakości życia. W jaki sposób ludzie i całe społeczeństwa mogą budować swoje szczęście? Piszcie o minibibliotekach, wspólnych ogrodach i innych inicjatywach, których istnienia nawet nie podejrzewamy. Jesteśmy otwarci na wszystkie propozycje, które mogą wpływać pozytywnie na was, na mnie, na nasz świat.

Zastanówcie się, jak sami możecie wpłynąć na świat, który was otacza. Na nasz świat. Potrzeba nam więcej wizjonerów i więcej działaczy. Więcej ludzi życzliwych, bohaterów szczęścia, mistrzów zmian.

Tego właśnie wszyscy potrzebujemy, ale też wszyscy możemy mieć w to swój wkład.

Biorąc pod uwagę aktualną sytuację na świecie, ktoś mógłby powiedzieć, że to złudne nadzieje – ale nadzieje nigdy nie są złudne.

Zapamiętajcie jedno: bycie pesymistą nie ma żadnego sensu – i nigdy nie popłaca.

ZDJĘCIA

s. **13** Kostenko Maxim/Shutterstock

s. **16** Ty Stange/Copenhagenmediacenter

s. **18** Kay Wiegand/Shutterstock

s. **26** D A Barnes/Alamy Stock Photo

s. **35** Kristian Pontoppidan Larsen/ recordingsofnature.wordpress.com

s. **37** Africa Studio/Shutterstock

s. **41** Copenhagenmediacenter

s. **46** Ty Stange/Copenhagenmediacenter

s. **49** Watcharin wimanjaturong/Shutterstock

s. **58** Shani Graham/ecoburbia.com

s. **69** Rasmus Flindt Pedersen/ Copenhagenmediacenter

s. **79** Route66/Shutterstock

s. **83** Ekaterina Pokrovsky/Shutterstock

s. **84** Graphic Compressor/Shutterstock

s. **91** PixieMe/Shutterstock

s. **97** Monstar Studio/Shutterstock

s. **104** adapted from a photo by Lisovskaya Natalia/Shutterstock

s. **111** Alexilena/Shutterstock

s. **112** Photo_master2000/Shutterstock

s. **114** James Whitlock/Shutterstock

s. **116** Kim Chongkeat/Shutterstock

s. **127** Jonathan Nackstrand/Shutterstock

s. **135** Daxiao Productions/Shutterstock

s. **139** Kasper Thye/Copenhagenmediacenter

s. **141** IR Stone/Shutterstock

s. **145** Skylines/Shutterstock

s. **148** Freebilly/Shutterstock

s. **153** Daria Garnik/Shutterstock

s. **163** Mapics/Shutterstock

s. **165** Rawpixel.com/Shutterstock

s. **168** Nataly Dauer/Shutterstock

s. **170** Rawpixel.com/Shutterstock

s. **180** Purepix/Alamy Stock Photo

s. **183** Iravgustin/Shutterstock

s. **195** E2dan/Shutterstock

s. **208** Tatiana Bobkova/Shutterstock

s. **218** Rishiken/Shutterstock

s. **224** Studio 72/Shutterstock

s. **233** Tim Gainey/Alamy Stock Photo

s. **239** All Around Photo/Shutterstock

s. **249** Purino/Shutterstock

s. **252** Rawpixel.com/Shutterstock

s. **261** Marchello74/Shutterstock

s. **269** Stanislaw Mikulski/Shutterstock

s. **276** Chainarong06/Shutterstock

s. **278** Alastair Wallace/Shutterstock

s. **282** G-stockstudio/Shutterstock

s. **287** Chris McAndrew

O AUTORZE

Meik Wiking jest dyrektorem generalnym Instytutu Badań nad Szczęściem w Kopenhadze i jednym z czołowych ekspertów od szczęścia na świecie. Próbuje zrozumieć, na czym polega szczęście, z czego wynika nasz subiektywny dobrostan i jakość życia. We współpracy z wieloma krajami całego świata bada globalne trendy rządzące zadowoleniem z życia. Tylko ktoś bez reszty oddany szczęściu może odwiedzać kawiarnie na całym świecie i liczyć uśmiechy na twarzach ludzi!

Jego pierwsza książka, *Hygge. Klucz do szczęścia*, stała się światowym bestsellerem i jest obecnie dostępna w trzydziestu jeden krajach.

PODZIĘKOWANIA

Oto osoby, którym chciałbym podziękować: Kjartan Andsbjerg, Kirsten Frank, Cindie Unger, Rannvá Pállson Joensen, Maria Risvig, Gabe Rudin, Marie Louise Dornoy, Teis Rasmussen, Michael Mærsk-Møller, Marie Lundby, Lisa Magelund, Morten Tromholt, Michael Birkjær, Johan Jansen, Felicia Öberg, Maria Stahmer Humlum, Marie Lange Hansen, Lydia Kirchner, Jacob Fischer, Vanessa Zaccaria, Isabella Arendt i Xavier Landes.

Zawsze należy współpracować z ludźmi mądrzejszymi od siebie. Osobiście nigdy nie miałem trudności ze znalezieniem takich, ale też podczas pisania tej książki współpracowałem z ludźmi, którzy wierzą, że można zmienić świat na lepsze. To oni pomogli mi napisać tę książkę i stworzyć Instytut Badań nad Szczęściem.